J. Boulanger

CATALOGUE
DES LIVRES
DE LA BIBLIOTHÉQUE
DE MONSIEUR C. T.
DOCTEUR EN MÉDECINE.

Dont la Vente se fera au plus offrant & dernier Enchérisseur le Lundi 3 Août, dans une des Salles des Augustins du grand Couvent.

A PARIS,

Chez PRAULT, Petit-Fils, Libraire, Quai des Augustins, la 2me. boutique au-dessus de la ruë Gilles-Cœur, à l'Immortalité.

M. DCC. LXI.

ORDRE

Des divisions du présent Catalogue.

THÉOLOGIE.

JURISPRUDENCE.

SCIENCES & ARTS.

POLITIQUE.

MÉTAPHYSIQUE.

HISTOIRE NATURELLE.

BELLES LETTRES.

POETES LATINS,

POETES FRANÇOIS.

POETES ITALIENS.

HISTOIRE.

HISTOIRE LITTÉRAIRE.

CATALOGUE
DES LIVRES DE MONSIEUR C. T.
DOCTEUR EN MÉDECINE.

THÉOLOGIE.

ÉCRITURE SAINTE.

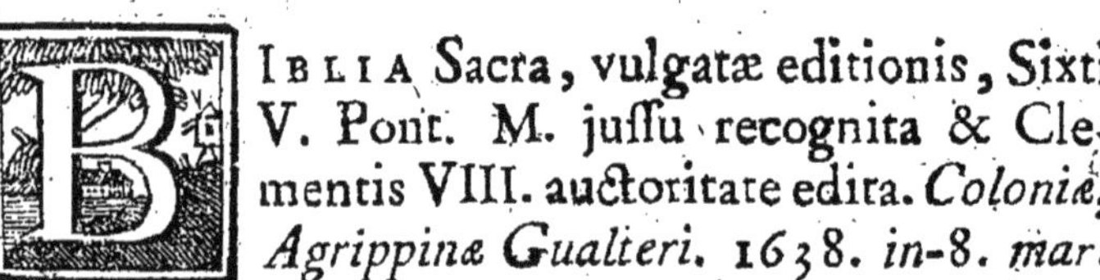

BIBLIA Sacra, vulgatæ editionis, Sixti V. Pont. M. jussu recognita & Clementis VIII. auctoritate edita. *Coloniæ, Agrippinæ Gualteri.* 1638. *in-8. mar.*

2 Biblia Sacra, vulgatæ editionis, Sixti V. Pont. Max. jussu recognita & Clementis VIII. auctoritate recognita. *Colon. Agripp.* 1670. 4 *vol. in-32. mar. rouge.*

3 Sainte Bible, contenant l'anc. & nouv. Testament avec un Comment. Litt. inseré dans la

trad. Françoise par le R. P. de Carrieres. *Par.* 1760, 6 *vol. in-4. ec. fil.*

4 Comment. Littérat. sur la S. Bible, contenant l'anc. & le nouv. Testament, inseré dans la trad. Françoise, par le P. de Carrieres. *Par.* 1745, 5. *vol. in-12.*

5 La Sainte Bible qui contient le Vieux & le N. Testament, édit. faite sur la version de Genêve 8 par les soins de Samuel & Henry des Marets, *Amst.* 1669, 2 *vol. in-fol. G. P.*

6 Liber Psalmorum cum Tenoribus ad recte Proferendum Aptissimis. *Parisiis*, 1258, *in-8. mar. roug. lav. & regl.*

7 Psalterium Davidis, & libri Sapientales Latine, juxta Vaticanum Exemplar anni 1592. *Lugd. Bat. Elzevir*, 1653, *in-12. mar. noir.*

8 Les Pseaumes de David en franç. trad. nouvelle selon la Vulgate, avec le Texte Latin à côté, (par Louis-Isaac le Maistre de Sacy.) *Paris, le Petit.* 1665, *in-12. mar. roug. dessus & dessous, lav. & regl.*

9 Novum Testamentum, Græcum ex Bibliotheca Regia. *Lutetiæ Rob. Stephani*, 1546, 2 *vol. in-12. mar. rouge.*

10 Novum Jesu Christi Testamentum, Vulgatæ editionis Sixti V. Pont. Max. jussu recognitum atque editum. *Parisiis è Typographia Regia.* 1649. 2 *vol. in 12. mar. rouge.*

11 Nouv. Testament en Franç. trad. sur la Vulgate avec les différences du Grec, (ouvrage commencé par Ant. le Maistre, continué & achevé par Ant. Arnauld, Pierre Nicole, Louis Isaac le Maistre de Sacy, Jos. Seb. du Cambouſt de

Pont-Château & Cl. de Ste. Marthe.) *Mons*, *Migeot*, (*Amſt. Elzevir.*) 1667. *prem. édit.* 2 *vol. in* 12. *mar. noir.*

12 —— Le même. *Mons*, *Migeot*. 1667. *in* 12. *mar. bleu.*

13 —— Le même. Trad. en Franç. avec le Grec & le Lat. de la Vulgate ajouté à côté. *Mons*. 1673. 2 *vol. in* 8.

14 Le Nouv. Teſtament de N. S. J. C. trad. avec des notes par le P. Amelote. *Paris*. 1688. 2 *vol. in* 4.

15 Le Nouv. Teſtament, c'eſt-à-dire, la nouvelle Alliance de N. S. J. C. *Amſt. Blaeu*. 1684. *in* 12. *mar. rouge.*

16 Bibliorum Sacrorum Latinæ Verſiones Antiquæ ſeu vetus Italica, Opera & Studio. P. Sabatier. *Remis*. 1743. 3 *vol. in fol.*

HISTOIRES ET FIGURES DE LA BIBLE.

17 Hiſtoriarum Veteris Teſtamenti icones ad vivum expreſſæ cum brevi Latinâ & Gallicâ Expoſitione. *Pariſiis*, 1544. *in* 8.

18 Hiſtoires les plus remarquables de l'Ancien & du Nouv. Teſtament, gravées en cuivre, par J. Luyken, enrichies d'une ſavante deſcription. *Amſt*. 1732. *in fol. g. p. ec. tr. dor.*

19 L'Ancien & le Nouv. Teſtament, repréſentés en 500 tableaux, gravés d'après les deſſeins de Raphaël & autres grands Maîtres, par de Marne. *Paris*, 1759. *in fol. ec. filets.*

20 Diſcours Hiſtoriques ſur l'Anc. & le Nouv.

Teſtament, par Jacques Saurin. *La Haye*, 1728. *6 vol. in fol. figur. pap. ſuper. royal. v. filets.*

21 Le Mirouer de Contemplation, fait ſur la Très-Saincte Vie, Mort & Paſſion de N. S. J. C. avec figures enluminées. *Paris*, 1516. *in* 8. *mar. bleu.*

22 Dictionnaire Hiſtorique, Critique, Chronol. Géogr. & Littéral. de la Bible, enrichi de plus de 300 figures en taille douce, par le P. Dom. Auguſt. Calmet. *Par.* 1730. 4 *v. in fol. ec. filets.*

LITURGIE.

23 Heures Latines & Gothiques, Mſ. ſur velin avec des miniatures. *In* 12. *mar. rouge.*

24 Autres Heures Latines & Gothiques, MS. ſur Velin, avec des miniatur. *In* 8. *couv. en velours.*

25 Autres Heures Latines & Gothiques, MS. ſur Velin. *In* 8. *compartimens.*

26 Autres Heures Gothiques, avec miniatures. *In* 8. *MS. ſur Velin.*

27 L'Année Chrétienne, par M. le Tourneux. *Paris.* 1757. 13 *vol. in* 12.

CONCILES ET SS. PERES.

28 Sacro-Sancti Concilii Tridentini Canones & Decreta. *Colon. Agripp.* 1683. *in* 12. *mar. rouge.*

29 Dictionnaire Portatif des Conciles. *Par.* 1758. *in* 8.

30 Traité d'Origene contre Celſe, trad. du Grec par Bouhereau. *Amſt.* 1700. *in* 4. *v. f. tr. dor.*

31 Sancti Auguſtini Confeſſionum Libri XIII. ex emendatione H. Sommalii. *Lugd. Bat. Elzevir.* 1675. *in* 12. *mar. citr.*

32 L'Octavius de Minucius Felix, de la trad. de Dablancourt. *Amst.* 1683. *in* 12.

THÉOLOGIE SCHOLASTIQUE.

33 Instruction sur la Pénitence & sur la Sainte Communion, par Ch. Gobinet. *Paris*, 1759. *in* 12.

34 De Occasione Proxima Peccati & Recidivis opus Joseph. Mar. Brocchi. *Lucæ.* 1736. *in* 4.

35 Réflexions sur la Présence réelle du Corps de J. C. dans l'Eucharistie, comprises en diverses Lettres (par Abadie.) *La Haye*, 1685. *in* 12.

36 Réponse au Traité de M. Bossuet, touchant la Communion sous les deux Especes. *Cologne*, 1683. *in* 12. *ec. tr. dor.*

37 Recueil des Ordonn. Mandemens & Censures de M. l'Evêque d'Arras. *Arras*, 1710. *in* 12.

38 La Nécessité du Culte public parmi les Chrétiens, par Armand de la Chapelle. *Francfort*, 1747. 2 *vol. in* 12. *v. f. filets.*

THÉOLOGIE MORALE ET SERMONAIRES.

39 Dictionnaire de Cas de Conscience, ou Décisions des plus considérables difficultés, touchant la Morale & la Discipline Ecclésiastique, par Pontas. *Paris*, 1741. 3 *vol. in fol.*

40 Dictionnaire Théologique Portatif. *Par.* 1756. *in* 8.

41 Traité de la Morale des Peres de l'Eglise, par J. Barbeyrac. *Amst. de Coup.* 1728. *in* 4.

42 1° Verbum abreviatum à Magistro Petro Cantex, Parisiensi compositum ; sive capitula cum ex sacra Scriptura, tum ex aliis auctoribus collecta ad singulorum vitiorum redargutionem, operum que nostrorum directionem, & negotiorum emergentium decisionem.
2°. Liber qui correptor dicitur, secundum Magistrum Alanum.
3°. Ejusdem Pœnitentiale.
4°. Isagoge in moralem Philosophiam.
5°. Compendium Historiarum Veteris & Novi Testamenti. *In* 4 *Ms. sur velin, écrit dans le* 14e. *siecle, & très-bien conservé, veau marbré tr. dorée.*

43 Sermones Nich. Denyse, *Parisiis*, 1517, *in* 8 *mar. rouge.*

44 Oliverii Maillardi Sermones communes per adventum & consequenter Dominicales, *Parisiis*, *in* 8, *Goth.*

45 Ejusdem Oliverii Maillardi Sermones, *Parisiis*, 1526. 2 *vol. in* 8 *Goth. v. m. filets.*

46 Sermones fratris Gabr. Barelette, *Lugduni*, 1524 2 *vol. in* 8, *Goth. v. m. filets.*

47 Sermons du Pere Bourdaloue, *Lyon*, 1756, 15 *vol. in* 12.

48 Sermons du P. de la Rue, *Paris*, *Rigaud*, 1719 4 *vol. in* 8.

49 Panegyriques & Sermons de Flechier, *Paris*, 1750, 5 *vol. in* 12.

50 Sermons sur divers textes de l'Ecriture Sainte, par J. Saurin, *Lausanne*, 1759, 12 *vol. in* 8.

51 Lettres de Pascal. *Cologne la vallée*, 1657, *in* 12 *maroquin.*

52 —— Les mêmes en quatre langues, *Cologne*, 1684, *in-8*.

53 —— Les mêmes, *Cologne*, 1738, *in 12*, *v. m.*

54 Apologie desdites Lettres, *Rouen*, 1697, *in 12*.

55 Decisions de quelques Casuistes sur les matieres les plus importantes. *Suiv. la copie imprimée à Mons*, 1702, 3 *vol in-8*, *mar. rouge*.

56 Maximes & Réflexions sur la Comédie, par Jacques-Benigne Bossuet, Evêque de Meaux, *Paris*, 1694, *in-12*.

57 Réfutation d'un Ecrit favorisant la Comédie, *Paris*, 1694, *in-12*.

58 Discours sur la Comédie, par P. le Brun, *Paris*, 1731, *in-12*.

59 Dissertations sur diverses matieres de Religion & de Philologie, recueillies par M. l'Abbé de Tilladet, *Paris*, 1712, 2 *vol. in 12*.

60 Traité de la superstition, trad. du Grec de Plutarque, par le Fevre, *Saumur*, 1666, *in 12*.

THÉOLOGIE MYSTIQUE.

61 Thomæ Hemerchem, id est malleoli, à Kempis, de Imitatione Christi Libri IV. *Lug. Batav. Elzevir. Sine ulla anni & loci indicatione in-12. mar. rouge*.

62 Les Voyes de Paradis, ensemble les Allumettes du feu divin, par P. Doré. *Rouen*, 1610. *in-16. mar. rouge*.

63 Les Emblêmes de l'amour divin & humain ensemble, expliqués par des vers François. *Paris*, *in 8. figures v. f. filets*.

THEOLOGIE POLEMIQUE.

64 La Religion Chrétienne prouvée par les faits, par M. l'Abbé Houtteville. *Paris*, 1740. 3 *vol. in* 4.

65 Traité de la vérité de la Religion Chrétienne, par J. Abadie. *Rotterd. Leers*, 1684. 2. *vol. in* 8. *rel. en velin.*

66 De la Religion Chrétienne, trad. de l'Angl. d'Addiſſon, avec des nottes *Lauſanne*, 1757. 2. *vol. in*-8.

67 Alciphron ou le petit Philoſophe, en ſept Dialogues, contenant une Apologie de la Religion Chrétienne contre ceux qu'on nomme eſprits-forts. *La Haye*, 1734. 2 *vol. in* 12. *v. m. tr. dorée.*

68 Penſées de Blaiſe Paſchal ſur la Religion & ſur quelqu'autres ſujets. Nouv. edit. augmentée de la vie de l'Auteur & de quelques diſſertations. *Amſt.* 1701. *in* 12. *mar. vert.*

69 Les mêmes *Amſt.* 1758. 2. *vol. in* 12.

70 Traité de l'origine & perfection de la Religion Chrétienne. *Chaalons*, 1696. *in* 12.

71 L'Exiſtence de Dieu démontrée par les merveilles de la nature, par Nieuwenty, *Amſt.* 1760. *in* 4. *fig.*

72 Queſtions diverſes ſur l'incrédulité (par M. l'Evêque Dupuy) *Paris*, 1757. *in* 12.

THÉOLOGIE HETERODOXE.

73 Il Catechiſmo di Meſſer Giovan. Calvino. *in Geneva*, 1566. *in* 12.

74

74 Discours & Méditations Chrétiennes, par Phil. de Mornay. *Saumur*, 1609. 2. *vol. in* 12. *rel. en velin.*

75 Traité de la Messe, par P. Dumoulin. *Geneve*, 1636. *in* 8.

76 Panagiana Panurgica ou le faux Evangeliste, par M. de Premontval, *la Haye*, 1751, *in* 12. *filets.*

77 De consecratione Mystico Sacrificio, &c. Nic. Villeganon. *Parisiis* 1569. *in* 8. *rel. en velin.*

78 Les consolations de l'ame fidele contre les frayeurs de la mort, par Drelincourt. *Berlin*, 1760. 2. *vol. in* 12.

79 Recueil de l'abjuration de la secte Luthérienne, Confession d'Ausbourg, & toutes les autres hérésies de notre temps, faite par très-haut & très-puissant Seigneur, Comte de Helffenstain en Sueve avec les causes & raisons qui l'ontému à ce faire. *Paris*, 1567. *in* 8. *v. m. filets.*

80 La Cabale chimerique ou réfutation de l'histoire fabuleuse & des calomnies publiées, par M. J. touchant le libelle intit. Avis important aux Refugiés, sur leur prochain retour en France. *Cologne*, 1691. *in* 12.

81 Avis important aux Réfugiés sur leur prochain retour en France, par C. L. A. P. D. P. *Paris*, 1692 *in* 12.

82 Réponse à l'avis aux Réfugiés, par M. D. L. R. *Rotterd.* 1709. *in* 12.

83 Les entretiens des Voyageurs sur la mer, nouv. édit. avec des fig. en taille-douce. *La Haye*, 1740. 4 *vol. in* 12 *v. f. filets.*

84 Essais sur la Providence & sur la possibilité phy-

...que de la résurrection, trad. de l'Angl. du Docteur B*** *La Haye*, 1719, *in* 12. *v. f. filets.*

85 Le sens littéral de l'Ecriture sainte défendu contre les principales objections des Anti-scripturaires, traduit de l'Anglois de Stakouse. *La Haye*, 1741, 3 *vol. in* 12.

86 Nouveaux Essais sur la bonté de Dieu, la liberté de l'homme & l'origine du mal, trad. de l'Ang. de M. Chubb. *Amst.* 1732 *in* 12 *v. m. tr. dorée.*

87 De l'incrédulité, où l'on examine les motifs & les raisons générales qui portent les incrédules à rejetter la Religion Chrétienne, par le Clerc, *Amst. Mortier*, 1733, *in* 12. *maroquin.*

88 De l'immortalité de l'ame & de la vie éternelle, par Guill. Sherlok, trad. de l'Ang. *Amst. Humbert*, 1735, *in* 8, *v. tr. dor.*

89 Le Système des Théologiens anciens & modernes concilié par l'exposition des différens sentimens sur l'état des ames séparées des corps, en quatorze Lettres, *Londres*, 1739, *in* 8.

90 Liberté de conscience resserrée dans les bornes légitimes, *Londres* 1754, *in* 12.

91 Discours sur l'usage & les fins de la Prophetie dans les divers âges du monde, par T. Sherlock trad. de l'Ang. par Abraham Lemoine, *Amst.* 1744, *in* 8.

92 Traité de l'existence & des attributs de Dieu: des devoirs de la Religion naturelle & de la vérité de la Religion Chrétienne, trad. de l'Ang. de Clarke, par Ricotier, *Amst.* 1727, 3 *vol. in* 12 *mar. rouge.*

93 Pensées libres sur la Religion, l'Eglise & le

bonheur de la nation, trad. de l'Angl. du Docteur B. M. *La Haye*, 1722, *in* 8.

94 Pensées sécrettes sur la Religion, & sur la vie Chrétienne, par Guill. Beveridge, *Amst.* 1744, 2 *vol. in*-12, *v. tr. dor.*

95 Dissertations sur l'union de la Religion, de la morale & de la Politique tirées de Warburton, *Londres*, 1742, 2 *vol. in*-12.

96 Théologie Astronomique, ou Démonstration de l'existence & des attributs de Dieu par l'examen & la description des Cieux, enrichie de fig. par Guill. Derham, trad. de l'Ang. *Paris*, 1729, *in*-8 *v. f. tr. dor.*

97 Théologie de l'eau ou essai sur la Bonté, la Sagesse & la Puissance de Dieu, manifestées dans la création de l'eau, trad. de l'Allemand de J. Alb. Fabricius, *la Haye*, 1741, *in*-8 *ec. filets.*

98 Théologie Physique, ou Démonstration de l'existence & des attributs de Dieu, tirée des Œuvres de la création, par Guill. Derham, trad. de l'Ang. *Rotterd.* 1726, *in*-8 *v. f. tr. dor.*

99 Traité de l'état des morts & des ressuscitans, par Thomas Burnet, trad. du Lat. par J. Bion, *Rotterd.* 1731, *in*-12, *v. f. tr. dor.*

100 Les Prétendus Réformés convaincus de schisme, pour servir de réponse, tant à un Ecrit intitulé considérations sur les Lettres circulaires de l'Assemblée du Clergé de France de l'année 1682, qu'à un Livre int. Défense de la Réformation contre les préjugés légitimes, par M. Claude Ministre de Charenton, en l'an. 1673, *Bruxelles*, 1684, *in*-12.

101 Traité de la liberté de conscience, ou de l'au-

torité des Souverains sur la Religion des peuples, *Cologne*, 1687, *in-12*, *mar. cit.*

102 Tolérance des Religions, *Rotterdam*, 1684, *in-12*, *rel. en velin.*

103 Le Ciel réformé, Essai de traduction de partie du Livre Italien Spaccio della bestia trionfanté, *l'an* 100 700 50, *in-8*, *G. P. mar. rouge.*

104 Les très-merveilleuses Victoires des Femmes du Nouveau Monde, par Guill. Postel, *sur l'Imprimé à Paris*, 1553, *in-12*, *mar.*

105 Traité des Cérémonies superstitieuses des Juifs, tant anciens que modernes, *Amst. Smith.* 1678, *in-12 mar. rouge.*

106 Réfutation des erreurs contenues dans le précédent Livre, par M. de Fenelon, le P. Lamy & M. le Comte de Boulainvilliers, avec la vie de Spinosa, par J. Colerus, *Bruxelles* (*en Hollande*) 1731, *in-12*, *mar. rouge.*

107 Tractatus Theologico politicus, cui adjunctus est Philosophia S. Scripturæ interpres, *sine loci indicatione*, 1674, *in-8.*

108 Peccatum originale, philologice elucubratum à Themidis alumno (autore Beverlando) *Eleuteropoli in horto Hesperidum*, *Typis Adami Evæ terræ filii*, 1678, *in-8 mar. rouge.*

109 Ejusdem Beverlandi de fornicatione cavenda admonitio. *Juxta exemplar*, *Londinense*, 1698, *in-8*, *mar. rouge.*

102 Ejusdem Beverlandi, de Stolatæ virginitatis jure lucubratio Academica, *Lugd. Bat. Lindanus*, 1680, *in-8*, *mar. rouge.*

111 Discours sur la liberté de penser & de raisonner sur les matieres les plus importantes, écrit à

l'occasion d'une nouvelle secte d'esprits forts, ou de gens qui pensent librement ; trad. de l'Ang. (d'Ant. Collins) *Londres*, 1717, *in-8*, *mar. rouge.*

112 Examen du traité de la liberté de penser, par M. D. Cr***. *Amst.* 1718, *in-8*, *mar. rouge.*

113 Histoire des Cérémonies & des superstitions qui se sont introduites dans l'Eglise ... Dissertation historique sur Ratramne, & sur son Livre du Corps & du Sang du Seigneur ... Préservatif contre le changement de Religion, *Amst.* 1717, *in-12*, *mar. rouge.*

114 Etat de l'homme dans le péché originel, où l'on fait voir quelle est la source, & quelle sont les causes & les suites de ce péché dans le monde, *imprimé dans le monde*, *en* 1714, *in-12.*

115 —— Le même 1740, *in-12.*

116 La Religion du Médecin, trad. du Lat. de Thom. Brown, avec des Remarques, *imprimé en* 1668, *in-12*, *mar. rouge.*

117 Religio Medici, cum annotationibus, *Argentorati*, 1677, *in-12*, *rel. en velin.*

118 Nouvelles libertés de penser, avec le traité du Philosophe, (par M. Dumarsais) *Amst.* 1753, ne, *in-12. mar. rouge.*

119 La Morale de Confucius, Philosophe de la Chine. *Amst.* 1688, *in-12*, *br.*

120 L'Alcoran de Mahomet, translaté d'Arabe en François, par le sieur Du Ryer, *sur la Copie* (*Elzevir*) 1649, *in-12*, *relié en velin.*

121 —— Le même, *la Haye*, 1685, *in-12 mar. rouge.*

122 La Religion des Mahometans, exposée avec des éclaircissemens : Ouvrage tiré du Lat. de Re-

land & augmenté d'une confession de foi mahométane, qui n'avoit point encore paru, *la Haye*, *Vaillant*, 1721, *in-12*, *mar. rouge.*

JURISPRUDENCE.

DROIT NATUREL.

123 Le Droit de la Nature & des Gens, trad. du Lat. de Puffendorf, par Barbeyrac. *Londr.* 1740. 3 *vol. in* 4.

124 Le Droit des Gens ou Principes de la Loi Naturelle, appliqués à la Conduite & aux Affaires des Nations & des Souverains, par M. Watel. *Londres*, 1758. 2 *vol. in* 4.

125 Traité Philosophique des Loix Naturelles, par le Docteur Richard Cumberland, trad. par Barbeyrac. *Amst.* 1744. *in* 4. *gr. pap. v. f. tr. dor.*

126 Principes du Droit Naturel, par J. J. Burlamaqui. *Genêve*, 1747. *in* 4. *ec. filets.*

127 Le Droit de la Guerre & de la Paix, par Grotius, trad. en François par de Courtin. *Amst.* 1688. 3 *vol. in* 12.

128 —— Le même. Trad. par J. Barbeyrac, avec des notes. *Amst. de Coup.* 1729. 2 *vol. in-4. g. p. v. tr. dor.*

DROIT CANON.

129 Histoire du Droit Public Ecclésiastique François, par M. D. B. (de Burigny) Londres. *Paris.* 1751. 2 *vol. in* 12.

130 Traité de l'Autorité du Pape, dans lequel ses Droits sont établis & réduits à leurs justes bor-

nes, & les Principes des Libertés de l'Eglise Gallicane justifiés. *La Haye*, 1720. 4 *vol. in* 12. *mar. rouge.*

131 Saulce au Verjus. *Strasbourg.* 1675. *in* 12. *mar. rouge.*

132 Recueil de Jurisprudence, Canonique & Béneficiale, par Guy du Rousseau de la Combe. *Paris*, 1755. *in fol.*

133 Code des Curés ou Nouveau Recueil des Réglemens, concernant les Dixmes, &c. *Paris*, 1752. 3 *vol. in* 12.

134 Traité de la Dissolution du Mariage pour cause d'Impuissance, avec quelques Piéces curieuses sur le même Sujet. *Luxembourg*, 1735. *in* 8.

DROIT CIVIL.

135 Les Loix Civiles dans leur Ordre Naturel; le Droit Public & Legum Delectus, par Domat, nouv. édition, augmentée par MM. d'Hericourt, Bonchevret, Berroyer & Chevalier. *Par.* 1756, *in fol.*

136 Journal des principales Audiences du Parlement avec les Arrêts qui y ont été rendus, & plusieurs Questions & Réglemens placés selon l'Ordre des Temps, depuis l'année 1622 jusqu'en 1660, par J. Dufresne. *Paris*, 1757. 7 *vol. in fol.*

137 Traités de M. Duplessis sur la Coutume de Paris, avec des Notes de MM. Berroyer & de l'Aurriere. *Paris*, 1754. 2 *vol. in fol.*

138 Les Loix des Bâtimens suivant la Coutume de Paris, par Desgodets. *Paris*, 1748. *in* 8.

139 Journal du Palais ou Recueil des principales

Décisions de tous les Parlemens & Cours Souveraines de France, par Blondeau & Gueret. *Paris*, 1755. 2 *vol. in fol.*

140 Œuvres de Despeisses. *Lyon*, 1750. 3 *vol. in fol.*

141 Œuvres de M. de Renusson, nouv. édition, révue par M. J. A. Serieux, Avocat. *Paris*, 1760. *in fol.*

142 La Nouvelle Pratique, Civile, Criminelle & Bénéficiale, ou le Nouveau Praticien François, réformé suivant les nouvelles Ordonnances, par M. Lange. *Paris*, 1755. 2 *vol. in* 4.

143 Traité des Donations entre-vifs & Testamentaires, par J. Marie Ricard. *Paris*, 1754. 2 *vol. in-fol.*

144 Traité de la Communauté entre Mari & Femme, avec un Traité des Communautés ou Sociétés tacites, par D. le Brun. *Paris*, 1754. *in-fol.*

145 Décisions sur chaque article de la Coutume de Normandie, par Pierre de Merville. *Paris*, 1731. *in-fol.*

146 Le Coutumier de Vermandois avec de nouv. Observations de M. d'Hericourt. *Paris*, 1728. 2 *vol. in-fol.*

147 Coutumes générales d'Artois avec des notes, par Adrien Maillart. *Paris*, 1756. 2 *vol. in-fol.*

148 Code Penal ou Recueil des principales Ordonnances, Edits & Déclarations sur les Crimes & Délits. *Paris*. 1755, *in*-12.

149 Œuvres Posthumes de M. d'Hericourt. *Paris*, 1759. 4 *vol. in*-4.

150 Code Rural ou Maximes & Réglemens, concernant les Biens de Campagne. *Paris*, 1749. 2 *vol. in*-12.

151 Code des Chasses ou nouveau Traité du Droit des Chasses. *Paris*, 1753. 2 *vol. in*-12.

152 Nouvelles Instructions Générales pour la perception des Droits des Domaines, & Droits Domaniaux. (par Chambon) *Paris*, 1738. *in*-8.

153 Mémorial Alphabétique des choses concernant la Justice, la Police & les Finances de France sur le fait des Tailles. *Paris*, 1742. *in*-4.

154 Mémorial Alphabétique des choses concernant la Justice, la Police & les Finances de France pour les Gabelles & les cinq grosses Fermes, par le Sr. Bellet Verrier. *Paris*, 1714. *in*-8.

155 Tarif des Droits d'Entrée & de Sortie des cinq grosses Fermes. *Roüen*, 1758. 2 *vol. in*-8.

156 Causes Célebres & Interressantes avec les Jugemens qui les ont décidées. (par Gayot de Pitaval) *Paris*, 1739. 20 *vol. in*-12.

157 Recueil Général des Piéces contenues au Procès de M. le Marquis de Gesvres & de Mlle. de Mascranni son Epouse. *Rotterdam*, 1714. 2 *vol. in*-12.

SCIENCES ET ARTS.

Introduction à la Philosophie.

158 Introduction à la Philosophie, contenant la Métaphysique & la Logique, par G. J. S. Gravesande, trad. du Latin. *Leide*, 1748. *in*-8.

159 Histoire Critique de la Philosophie (par Deslandes.) *Amst.* 1737. 3 *vol. in*-12. *ec. filets.*

160 De l'Origine des Loix, des Arts & des Sciences, & de leurs progrès chez les anciens Peuples.

(par M. Goguette.) *Paris*, 1758. 3 *vol. in-4.*

161 Grammaire des Sciences Philosophiques, ou Analyse abrégée de la Philosophie moderne, appuyé sur les Expériences, trad. de l'Angl. de Martin. *Paris*, 1749. *in-8. figur.*

Philosophes Anciens & Modernes.

162 Platonis Opera Gr. & Lat. ex nova J. Serrani Interpretatione, cum Annot. Henr. Stephani. *Parisiis*, 1578. 3 *vol. in-fol. mar. rouge.*

163 Ejusdem Platonis Opera, Gr. cum versione Lat. Marsilii Ficini. *Francofurti*, 1602. *in fol. v. m. tr. dorée.*

164 Chrestomathia Platoniana Græc. *Turici*, 1756. *in-8. filets.*

165 Le premier Alcibiade de Platon, mis en François par M. le Fevre. *Saumur*. 1666. *in-12. rel. en velin.*

166 Sexti Empirici Opera quæ extant Græc. & Lat. Gentiano Herveto interpreté. *Parisiis*, 1621. *in-fol.*

167 Les Hypotiposes ou institutions Pirroniennes de Sextus Empiricus, en trois livres, trad. du Gr. avec des notes. 1725. *in-12. v. f. tr. dor.*

168 eLucii Annæi Senecæ Philosophi Opera Omnia & M. Annæi Senecæ rhetoris quæ extant, ex Andreæ Schotti recensione. *Lugd. Bat. Elzevir*, 1640. 3 *vol. in-12. mar. rouge.*

169 Seneque des Bienfaits de la version de Franc. Malherbe. *Paris*, 1650. *in-12. ec. filets.*

170 Le Sage des Stoiques ou l'Homme sans Paf-

ſions, ſelon les Sentimens de Seneque, par Ant. le Grand. *La Haye*, 1662. *in*-12. *v. ſ. tr. dor.*

171 Ariſtotelis Opera Omnia quæ extant Græc. Lat. autore Duval. *Lutet. Pariſ. Typis regiis.* 1629. 2 *vol. in-fol.*

172 Diſcours de la méthode pour bien conduire ſa Raiſon, par René Deſcartes. *Paris*, 1668. *in*-4.

173 Paſſions de l'Ame, par René Deſcartes, *ſuivant la cop. imp. à Amſt. Paris*, 1650, *in*-12. *v. ſ. filets.*

174 —— Les mêmes *Rouen*, 1751, *in*-8°. *mar. vert.*

175 —— Les mêmes, *Amſt. Elzevier*, 1650 *in*-8°.

176 Analyſe de la Philoſophie du Chancelier Bacon, (par M. de Leyre,) *Paris*, 1755, 3 *vol in*-12.

177 Hiſtoire de la vie & de la mort, où il eſt traité de la longue & courte durée de toute ſorte de corps; des cauſes de leur décadence, & des moyens d'en réparer les défauts, autant qu'il ſe peut, compoſée par Franç. Bacon, & traduite par J. Beaudoin. *Paris*, 1647, *in*-8°. *rel. en velin.*

178 Fr. Hutcheſon Philoſophia moralis. *Glaſguæ*, 1755. *in*-8°. *v. ec.*

179 Recueil de diverſes piéces ſur la Philoſophie, la Religion naturelle, l'Hiſtoire, &c. par Leibnitz, Clarke & Newton, *Lauſanne*, 1759. 2. *vol.* in-12.

Logique & Dialectique.

180 La Logique ou l'Art de penſer, contenant outre les regles communes, pluſieurs obſe

vations nouvelles, propres à former le jugement, (par P. Nicole.) *Paris*, *Savreux*. 1668. in-12. *ec. filets.*

181 La Logique ou Systême de réflexions qui peuvent contribuer à la netteté & à l'étendue de nos connoissances, par J. P. de Crouzaz. *Amst.* 1725, 4. *vol. in*-12.

182 Logique ou Systême abrégé du Livre précédent, le même. *Amst.* 1728, 2 *vol. in*-12.

Moralistes anciens & modernes.

183 La Filosofia morale derivata dal alto fonte del grande Aristotele stagirita dal Conte D. Em. Tesauro *in Torino*, 1671, *in-12. v. f. filets*

184 Les caractères de Théophraste trad. du Grec, avec les caractères ou les mœurs de ce siécle, par J. de la Bruyere, nouvelle Edit. avec la clef, une suite des caractères de Théophraste & la défense de la Bruyere & de ses caractères par P. Coste, *Amst. Changuyon*, 1739. 2 *vol. in*-12.

185 —— Les mêmes, *Paris*, 1750, 2 *vol. in-12. pap. d'Holl. écaille. tr. dorée.*

186 Sentimens critiques sur les caractères de la Bruyere, *Paris*, 1701. *in-12. ec. filets.*

187 Epicteti Enchiridion græce. *Glasguæ foulis* 1751. *in-32, mar. rouge.*

188 Epicteti Enchiridion Græc. & Lat. cum Scholiis græcis nunc primùm è Bibliothecâ Regiâ Dresdensi vulgatis & novis animadversionibus. *Dresdæ*, 1756, *in-8°. v. m. tr. dor.*

189 L'Enchiridion d'Epictete ou l'Abregé de sa Philosophie, *Châlons, 1687. in-16. ec. filets.*

190 Les propos d'Epictete recueillis par Arrian, son Disciple, transl. du grec en franç. par F. J. D. S. F. *Paris, 1605, in-8°. mar. rouge.*

191 Pensées morales de Marc Antonin. *Amst. 1659, in-12.*

192 Boethii de consolatione Philosophiæ Libri v. cum præfatione P. Bertii. *Amst. Blaeu. 1668 in-16.*

193 De la Sagesse en trois Livres, par Pierre Charron. *Leyde, Elzevir, in-12. mar. rouge. sans date.*

194 —— Les mêmes, *Leyde, Elzevier. 1646. 2 vol. in-12. v. tr. dorée.*

195 Réflexions prudentes, pensées morales, Maximes stoiciennes trad. de l'Espagn. par le R. P. d'Obeilh. *Amst. Elzevir, 1671, in-12. ec. filets.*

196 Traité de morale par le P. Mallebranche. *Rotter, Leers, 1684. in-12. ec. filets.*

197 Réfléxions, Sentences, & Maximes morales, (par François VI. Duc de la Rochefoucauld,) *Paris, 1678, in-12. mar. rouge.*

198 Les mêmes avec les maximes de Mad. la Marquise de Sablé. Pensées diverses de M. L. D. & les Maximes chrétiennes de M. *** *Amst. Mortier, 1705, in-12.*

199 Pensées du Comte d'Oxenstirn sur divers sujets, avec les réflexions morales du même Auteur. *Paris, (Holl.) 1756, 2 vol. in-12. v. f. tr. dorée.*

200 Recueil de Pensées morales. *in-12 M. S.*

201 Elemens de Philoſophie morale trad. de l'Anglois de Fordick, par de Jaucour. *La Haye, 1756. in-12.*

202 Réflexions ſur différens ſujets. *in-4°. M. S.*

203 Le Spectateur ou le Socrate moderne où l'on voit un portrait naïf des mœurs de ce ſiécle, traduit de l'Anglois de R. Steele. *Amſt. 1646. 7 vol. in-12.*

204 —— Le même. *Paris, 1755, 3 vol. in-4.*

205 Le Spectateur François, par M. de Marivaux. *Paris. 1652. 2 vol. in-12.*

206 Conſiderations ſur les mœurs de ce ſiécle, par M. C. Duclos de l'Acad. Franç. *Paris, 1751, in-12. v. f. tr. dorée. Exemplaire tiré ſur du grand papier d'Hollande.*

207 Diſcours ſur l'origine & les fondemens de l'inégalité parmi les hommes, par J. J. Rouſſeau. *Amſt. 1755. in-8. filets.*

208 Mêlanges philoſophiques, par Formey. *Leide, 1754. 2 vol. in-12.*

209 Les avantages de la Temperance ou le moyen d'être heureux par la Simplicité. *Paris, 1678. in-12.*

210 L'Art de vivre heureux, formé ſur les plus belles maximes & vérités Chrétiennes. *Paris, 1693. in-12.*

Traités des Vertus, des Vices & des Paſſions.

211 Les Caracteres des Paſſions, par de la Chambre. *Amſt. 1658. 4 vol. in-12. ec. tr. dorée.*

212 L'Art de connoître les Hommes, par le même. *Amſt. 1660. in-12. ec. tr. dorée.*

213 La Fisonomia con Ragionamenti, o lo Specchio per vedere le passioni di chiascheduno composta da M. C. de la Belliere. *In. Parigi.* 1664. *in*-12.

214 Philosophie d'Amour de M. Leon Hebreu, trad. de l'Ital. en Franç. par le Seigneur du Parc. *Paris*, 1580. *in*-12.

215 De l'Excellence des Hommes contre l'Egalité des Sexes. *Paris*, 1679. *in*-12.

216 La Fable des Abeilles ou les Fripons devenus honnêtes Gens, trad. de l'Angl. *Londres*, 1750. 4 *vol. in*-12.

217 Traité de l'Amitié. (par M. de Sacy.) *Paris*, 1722. *in*-12. *filets.*

218 I Caratteri dell. Amicizia del Marchese Caraccioli, trad di Franc. in Ital. dall. Abate Merlini. *In Firenze*, 1757. *in*-8.

219 Traité de la Gloire, par M. de Sacy. *La Haye*, (*Paris.*) 1745. *in*-12. *v. m. filets.*

Œconomie.

220 L'Œconomie ou la régle de la Vie Humaine, trad. de l'Angl. par le Sr. Mich. Desprefays. *Londres*, 1751. *in*-8. *v. m. tr. dorée.*

221 Les Devoirs de l'Homme & du Citoyen, trad. du Lat. de Puffendorf, par Barbeirac. *Amst.* 1735. 2 *vol. in*-8. *v. f. filets.*

222 La Science des personnes de la Cour, de l'Epée & de la Robe du Sieur de Chevigny, augmentée par M. de Limiers. *Paris*, 1725. 4 *vol. in*-12.

223 La Science de la jeune Noblesse, par P. J.

B. P. Duchesne. *Paris*, 1729. 3 *vol. in*-12.

224 Education des Enfans, trad. de l'Angl. de Locke, par M. Coste. *Paris*, 1747. 2 *vol. in*-12.

225 De l'Education des Filles, par Fr. de Salignac de la Mothe Fenelon. *Amst.* 1754. *in*-12. *ec. tr. dorée.*

226 Magasin des Adolescentes. *Londres*, 1760. 4 *vol. in*-12.

227 Magasin des Enfans ou Dialogue entre une sage Gouvernante & plusieurs de ses Eléves de la premiere Distinction. *La Haye*, 1760. 4 *tom. en* 2 *vol.*

228 De l'Esprit, Discours de M. le Chevalier de Meré. *Paris*, 1667. *in*-12. *filets.*

POLITIQUE.

Traités Généraux de Politique.

229 De l'Esprit des Loix, par M. de Montesquieu. *Geneve*, 2 *vol. in*-4.

230 —— Le même. *Geneve*, 1749. 3 *vol. in*-8.

231 L'Esprit de Loix Quintessencié par une suite de lettres Analytiques. (*Paris*) 1751. 4 *vol. in* 12. *brochés.*

232 Le Génie de Montesquieu. *Amst.* (*Paris*) 1758. *in*-12. *broché.*

233 Les Elemens de la Politique selon les Principes de la Nature, par P. Fortin, *Paris*, 1663. *in*8.

234 Gulistan ou l'Empire des Roses, traité des mœurs des Rois, composé par Musladini Saadi, trad. du Persan par M. **. *Paris*, 1704, *in*-12. *v. f. tr. dorée.*

235 Difcorfi Politici di Paolo Paruta. *In Venetia*, 1599. *in-4. rel. en velin.*

236 La Politique du Chevalier Bacon. *Londres*, 1740. *in-12.*

237 Inftitutions Politiques par M. le Baron de Bielfeld. *La Haye*, 1760. 2 *vol. in-4.*

Traités particuliers, concernans les Royaumes, les Republiques, &c.

238 Les fix livres de la République de J. Bodin. *Paris*, 1577. *in-fol. v. f. tr. dor.*

239 L'Utopie de Thomas Morus, trad. du Lat. par Gueudeville, avec figures. *Leyde*, *Vander Aa.* 1715. *in-12. v. f. tr. dor.*

240 Pietra del Paragone Politico di Boccalini. *in Cofmopoli*, 1651. *in-32. rel. en vel.*

241 Le corps Politique ou les Elemens de la Loi Morale & Civile, trad. de l'Angl. de Thom. Hobbes. 1652. *in-12. rel. en velin.*

242 Du Gouvernement Civil où l'on traite de l'Origine des Fondemens, de la Nature, du Pouvoir, & des fins des Sociétés Politiques, trad. de l'Angl. *Genêve*, 1724. *in-12. ec. filets.*

243 Les Fables de Pilpay, Philofophe Indien ou la conduite des Rois. *Paris*, 1698. *in-12.*

244 Opere di Nic. Machiavelli. *Venetia*, *Aldo*, 1539. 4 *vol. in-8. mar. rouge.*

245 Le Medefime. *Nell Haya*, 1762, 4 *vol. in-12. ec. tr. dor.*

246 Œuvres de Machiavel. *La Haye*, 1743. 6 *vol. in-12. ec. filets.*

247 Examen du Prince de Machiavel, avec des notes histor. & politiq. *La Haye*, 1741. *in*-8.

248 Question Royale & sa décision, (par J. du Verger de Hauranne, Abbé de S. Cyran.) *Paris*, 1609. *in*-12. *mar. rouge.*

249 L'Horloge des Princes avec l'hist. de Marc. Aurele, Empereur Romain, recueilli par Don Ant. de Gnevare, trad. de Castillan en Franç. par R. B. de Grise. *Paris*, 1572. *in*-12. *filets.*

250 Considerations politiques sur les coups d'Etat, par Gab. Naudé. *Sur la copie de Rome*, 1679. *in*-12.

251 Institucion de un Rey Christiano, por el Maestro Felipe de la Torre. *En Anvers*, 1556. *in*-12. *v. f. filets.*

252 Jo. Marianæ de rege & regis institutione, Libri III. Ejusdem de ponderibus & mensuris, *Moguntiæ*, 1605, *in*-8, *mar. rouge.*

253 De la puissance légitime du Prince sur le peuple, & du Peuple sur le Prince, trad. du lat. de Et. Junius Brutus, (Hubert Languet) *in*-8, *rel. en velin.*

254 Des quatre vertus nécessaires à un Prince pour bien & heureusement régner, *in*-12, *mar. rouge.*

255 Institution d'un Prince, ou Traité des qualités, des vertus & des devoirs d'un Souverain, par l'Abbé Duguet, *Londres*, 1743, *in*-4, *v. tr. dorée.*

256 Elementa Philosophica de cive autore Thom. Hobbes, *Amst. Elzevir*, 1647, *in*-12, *v. m. tr. dorée.*

257 Eadem Elementa. Juxta exemplar, *Amsterodami*, 1742, *in*-12, *maroquin.*

258 Elemens, Philosophiques du Citoyen, Traité

politique où les fondemens de la société civile sont découvert, trad. l'Angl. de Thom. Hobbes, *Amst. Blaeu*, 1649, *in 8*, *rel. en velin.*

259 L'Homme de cour, de Balth. Gracian, trad. & comment. par Amelot de la Houssaye, *Rotterd.* 1728, *in-12*, *v. f. filets.*

260 Réflexions politiques de Balth. Gracian, sur les plus grands Princes, trad. de l'Espag. *Paris*, 1730, *in-12.*

261 De la maniere de négocier avec les Souverains, par M. de Callieres, *Amst.* 1716, *in-8 filets.*

262 —— Le même, nouvelle Edition, augmentée, par M**. *Riswich*, 1757, 2 *vol. in-12*, *filets.*

263 Rapport du Conseil secret, nommé par la Chambre basse du Parlement de la Grande Bretagne, pour faire l'examen des Livres & papiers qui roulent sur la négociation de la derniere paix & du traité du Commerce, *Amst.* 1715, *in-8.*

Traités sur le Commerce.

264 Projet d'une Dixme royale, par Vauban, 1707, *in-12.*

265 Essai politique sur le Commerce, (par M. Melon,) *Amst.* 1742, *in-12*, *mar. rouge.*

266 Remarques sur les avantages & les désavantages de la France, & de la Grande Bretagne, par rapport au Commerce, &c. Trad. de l'Anglois, de Nikolls, *Leyde* [*Paris*] 1754, *in-12*, *br.*

267 Réflexions politiques sur les Finances & sur le Commerce [par Dutot,] *la Haye*, [*Paris*] 1738, 2 *vol. in-12.*

268 Essai sur la marine & sur le Commerce (par Deslandes) (*Paris*) 1743, *in-8.*

269 Recherches & considérations sur les Finances de France, par M. de Forbonnais, *Basle*, 1758, 2 *vol. in*-4.

270 L'Ami des hommes, ou Traité de la population [par M. de Mirabeau,] *Paris*, 1758, 3 *vol. in*-4.

271 La Noblesse commerçante (par M. l'Abbé Coyer) *Paris*, 1757, *in*-12, *br.*

272 Développement & défense du système de la Noblesse commerçante, par le même, *Paris*, 1757, 2 *vol. in* 12, *brochés.*

273 Le Parfait Negociant, ou instruction générale pour ce qui regarde le Commerce des marchandises de France & des Pays étrangers, par le Sr. J. Savary, *Paris*, 1757, 2 *vol. in*-4.

274 Bibliotheque des jeunes Négocians, par M. J. la Rue, *Lyon*, 1758, 2 *vol. in* 4.

275 Traité des parties doubles, ou Méthode aisée pour apprendre en parties doubles, les Livres de Commerce & de Finance, *Paris*, 1721, *in*-8.

MÉTAPHYSIQUE.

Traités particuliers de Dieu & de son existence.

276 Entretiens sur la Métaphysique, & sur la Religion, par le P. Mallebranche, *Rotterd. Leers*, 1688, *in*-12, *v. f. tr. dor. dent.*

277 Traité de l'infini créé, *in*-4, *Ms.*

278 Della existenza e degli attributi di Dio e della immaterialita ed immortalita della spirito umano secondo la mera filosophia Ragionamenti metafi-

ſici, *in Lucca*, 1745, *in*-4, *ec. tr. dar.*

279 De l'action de Dieu ſur les créatures, Traité dans lequel on prouve la promotion phyſique par le raiſonnement. *Paris*, 1713, *in*-4, *v. f. tr. dor.*

280 Eſſai ſur l'origine des connoiſſances humaines, *Amſt.* 1746, 2 *vol. in*-12.

281 De la certitude des connoiſſances humaines, ou examen philoſophique des diverſes prérogatives de la raiſon & de la foi, trad. de l'Angl. *Londres*, 1741, *in*-8, *v. f. filets.*

Traités particuliers de l'ame, de ſon immortalité; de la raiſon & de l'eſprit de l'homme & de ſes facultés.

282 Eſſai Philoſophique concernant l'entendement humain, par Loke, trad. de l'Angl. par M. Coſte *Amſt.* 1742, *in*-4.

283 —— Le même, *Amſt.* (*Paris*) 1758. 4 *vol. in*-12.

284 Examen de ingenios para las ſciencias compueſto por el Doctor Juan Huarte *en Amſterdam*, 1662, *in*-12.

285 Examen des Eſprits pour les ſciences, compoſé par J. Huarte & trad. par Fr. Savinien d'Alquie. *Amſt.* 1672, *in* 12, *ec. filets.*

286 Recherches Philoſophiques ſur la néceſſité de s'aſſurer par ſoi-même de la vérité; ſur la certitude de nos connoiſſances, & ſur la Nature des Etres. *Londres*, 1743 *in*-8.

287 Réflexions Philoſophiques, ſur l'incertitude des connoiſſances humaines, &c. *La Haye*, 1747, 2 *vol. in*-12.

288 Connoissances du cœur & des passions de l'homme. *Paris*, 1758, *in-4. G. P. mar roug.*

289 Traité de l'esprit de l'homme, de ses facultés & fonctions, & de son union avec le corps, suivant les principes de Descartes, par L. de la Forge. *Amst. in-12. ec. filets.*

290 Le Diogene de d'Alembert, ou Diogene décent, pensées libres sur l'homme & sur les principaux objets des connoissances de l'homme, par M. de Premontval. *Amst.* 1755, *in-12. v. f. tr. dor.*

291 L'homme moral opposé à l'homme physique de M. R. *** Lettres philosophiques où l'on refute le Deisme du jour. *Toulouse*, 1756, *v. m. filets.*

292 Les Discours philosophiques de P. de Lostal, sieur d'Estrem, esquels est amplement traité de l'essence de l'Ame & de la vertu morale. *Paris*, 1579, *in-8, mar. vert.*

293 Explication nouvelle & méchanique des actions animales, où il est traité des fonctions de l'Ame, par Duncan. *Paris*, 1678, *in-8. ec. filets.*

294 Réflexions philosophiques sur l'immortalité de l'Ame naturelle, avec des remarques, trad. de l'Allemand. *Amst* 1744, *in-12. v. f. filets.*

295 Histoire naturelle de l'Ame, trad. de l'Anglois de Charp. *La Haye*, 1745, *in-8. mar. vert.*

296 Œuvres philosophiques de M. *** *Londres*, 1751, *in-4. mar. rouge.*

297 Pensées diverses. *La Haye*, 1746, *in-12. mar. rouge.*

298 Essai philosophique sur l'Ame des Bêtes,

où l'on traite de son existence & de sa nature. *Amst.* 1728, *in-8.*

299 Amusemens philosophiques sur le langage des Bêtes, (par le P. Bougeant,) *Paris*, 1739, *in-12. v. f. filets.*

Traités particuliers des Esprits & de leurs Opérations.

300 Le monde enchanté, par Balth Bekker. *Amst.* 1694, 4 *vol. in-12. v. f. tr. dor.*

301 Idée générale de la Théologie payenne, servant de refutation au systême de M. Bekker, touchant l'existence & l'opération des Démons, ou Traité historique des Dieux du Paganisme, (par M Binet) *Amst.* 1699, *in-12.*

302 Magica de spectris & apparitionibus spirituum, de vaticiniis, divinationibus, &c. *Lugd. Bat*, 1656, *in-12. filets.*

303 IV. Livres des Spectres, ou apparitions & visions d'esprits, Anges & Démons se montrant sensiblement aux hommes, par P. le Loyer. *Paris*, 1586, *in-4. rel. en velin.*

304 Histoire des Diables de Loudun, ou de la possession des Religieuses Ursulines, & de la condamnation & du supplice d'Urbain Grandier, Curé de la même Ville. *Amst.* 173 *in-12. mar rouge*

Traités particuliers de la Cabale de la Magie, &c.

305 Le Comte de Gabalis, ou entretiens sur les

ſciences ſécretes, par l'Abbé de Villars. *Londres*, 1742, 2 *vol. in*-12.

306 La Philoſophie occulte, de Henr. Corn. Agrippa, trad. du Lat. *La Haye*, 1727, 2 *vol. in*-8.

307 Henr. Corn. Agrippa, de incertitudine & vanitate ſcientiarum. *Lugd. Bat*. 1644, *in*-12.

308 Paradoxe ſur l'incertitude, vanité & abus des ſciences, trad. en Franç. du Lat. de Henr. Corn. Agrippa. 1623, *in*-12.

309 Henri Corneille Agrippa ſur la nobleſſe & excellence du Sexe féminin, avec le traité ſur l'incertitude & vanité des Sciences & des Arts. *Leyde*, 1726, 3 *vol. in*-12.

310 Curioſités inouies ſur la Sculpture Taliſmanique des Perſans, Horoſcope des Patriarches, & lecture des Etoiles, par J. Gaffarel. *Paris*, 1629, *in*-8. *rel. en velin*.

PHYSIQUE.

311 Optice, ſive de reflexionibus, refractionibus, inflexionibus & coloribus lucis Libri tres, Autore Jſ. Newton. Latinè reddidit Sam. Clarke. *Lauzannæ*, 1740, *in*-4. *filets*.

312 Elemens de la Philoſophie de Newton, donnés par M. de Voltaire, *Londres*, 1738, *in*-8.

313 Examen & refutation des Elemens de la Philoſophie de Newton, de M. de Voltaire, par Banieres. *Paris*, 1739, *in*-8.

314 Inſtitutions de Phyſique, (par M[de.] du Châtelet,) *Paris*, 1740, *in*-8.

315 An hiſtorical account of a New method for extracting the foul air out of ships, &c. By Sam. Sutton. *London*, 1749, *in*-8.

316 All Sorts of Wheel-Carriage improved. Bi Jacob Rowe. *London*, 1734, *in-4. br.*

317 Les Entretiens physiques d'Ariste & d'Eudoxe, ou Physique nouvelle en Dialogues, par le P. Regnault. *Paris*, 1745, 5 *vol. in-12.*

318 Telliamed ou entretiens d'un Philosophe Indien avec un Missionnaire François sur la diminution de la mer, par M. de Maillet. *La Haye*, (*Paris*,) 1755, 2 *vol. in-12.*

319 Dissertation physique à l'occasion du Négre blanc. *Leyde*, 1744, *in-8. v. f. tr. dor.*

320 Geneantropeia della nova Citerea discorso Astro poëtico del dollor D. Gios. del Terzi. *In Parigi*, 1688, *in-12.*

321 { Venus physique. *Paris*, 1751....
Venus métaphysique, *Berlin*, 1752, *in-12. mar. rouge.* }

HISTOIRE NATURELLE.

Histoire Naturelle, Universelle.

322 Plinii Secundi Historiæ Naturalis, Libri XXXVII. *Vercellensis*, 1507. *in-fol. couv. en velin*,

323 Ejusdem, Plinii Secundi Historiæ Naturalis, Libri XXXVII. *Lugd. Bat. Elzevir*, 1635. 3 *v. in-12. rel. en velin.*

324 L'Histoire du Monde de C. Pline, trad. en Franç. par Dupinet. *Paris*, 1608. *in-fol.*

325 Histoire Naturelle, Générale & Particuliere,

avec la description du Cabinet du Roi, (par M. de Buffon.) *Paris, de l'impr. Royale*, 1750, *& suiv. 7 vol. in-4. mar. rouge.*

326 —— La même. *Paris, de l'impr. Royale*, 1752, *& suiv. 14 vol. in-12.*

327 Lettres à un Amériquain sur l'Histoire Naturelle, générale & particuliere de M. de Buffon. *Hambourg*, 1751. 8 *parties in-12. brochées.*

328 { Discours prononcé dans l'Académie Françoise, par M. de Buffon, le 25 Août, 1753.
Réflexions sur le Systême de la Génération de M. de Buffon, trad. d'une Préface de M. Haller. *Genêve*, 1751. *in-12.* }

329 Observation sur l'Histoire Naturelle, sur la Physique & sur la Peinture, avec des planches imprimeés en couleur, (par Gautier.) *Paris, & suiv. in-4.*

330 Bibliotheque de Physique & d'Histoire Naturelle, (par l'Abbé Lambert.) *Paris*, 1758. 5 *vol. in-12.*

331 Mémoire Instructif sur la maniere de rassembler, de préparer, de conserver & d'envoyer les diverses Curiosités d'Histoire Naturelle. *Par.* 1758. *in-8. fig.*

Histoire des Mineraux, Fossilles & Pierres.

332 Métallurgie ou l'Art de tirer ou purifier les métaux, traduit de l'Espagnol d'Alphonse Barba. *Paris*, 1751. 2 *vol. in-12.*

333 L'Histoire Naturelle éclaircie dans une de

ses parties principales l'Oryctologie, (par M. Dargenville. figures. *Paris*, 1757. *in*-4. *g. p. v. f. filets.*

334 L'Histoire Naturelle éclaircie dans une de ses parties principales la Conchyliologie, (par le même.) *avec figures. Paris*, 1757. *in*-4. *g. p. v. f. filets.*

335 Essai sur l'Histoire Naturelle de la mer Adriatique, par Donati, traduit de l'Ital. *avec figures enluminées. La Haye*, 1758. *in*-4. *g. p. v. f. tr. dorée.*

336 Essai sur l'Histoire Naturelle des Corallines & d'autres productions marines du même genre, par J. Ellis, trad. de l'Angl. *La Haye*, 1756. *in*-4. *g. p. fig. enluminées. v. tr. dorée.*

Agriculture.

337 Instruction pour les jardins Fruitiers & Potagers, avec un Traité des Orangers & des réflexions sur l'Agriculture, par M. de la Quintinye. *Paris*, 1756, 2 *vol. in*-4.

338 La Théorie & la Pratique du Jardinage. *La Haye*, 1739, *in*-4. *figures*, *filets.*

339 Dictionnaire Botannique & Pharmaceutique. *Paris*, 1759, *in*-8.

340 Pratique des Defrichemens. *Paris*, 1760, *in*-12. *broché.*

341 Mémoire sur les Defrichemens. *Paris*, 1760, *in*-12. *broché.*

342 Les agremens de la Campagne ou remarques particulieres sur la construction des maisons de Campagne, des Jardins, Plantages & autres

ornemens qui en dépendent. *Paris*, 1752, 3 *vol. in*-12.

343 Dictionnaire universelle d'Agriculture & du Jardinage, de Fauconnerie, Chasse, Pêche, Cuisine & Manege. *Paris*, 1751, 2 *vol. in*-4. *figures*.

Histoire des Plantes.

344 Anatomie des Plantes, trad. de l'Angl. de Grew. *Paris*, 1675, *in*-12.

345 Histoire des Plantes qui naissent aux environs de Paris, avec leur usage dans la Medécine, par Pitton de Tournefort, révue & augmentée par Bernard de Jussieu. *Paris*, 1725, 2 *vol. in*-12.

346 A Curious Herbal By Elizab. Blachwel. *London*, 1739, 2 *vol. in-fol. figures écaille, tr. dorée*.

347 J. J. Scheuchzeri Herbarium Diluvianum, cum figuris. *Lugd. Bat.* 1723, *in-fol. ec. filets*.

348 Plantæ per Galliam, Hispaniam & Italiam observatæ iconibus æneis exhibitæ à Jac. Barrelioro. *Parisiis*, 1714, *in-fol. filets*.

349 Recherches sur l'usage des Feuilles dans les Plantes, par Bonnet. *Leyde*, 1754, *in*-4. *figur. ec. filets*.

350 Thesaurus Zeylanicus exhibens Plantas in insula Zeylana nascentes cura & studio J. Burmanni. *Amst.* 1737, *in*-4. *figur. ec. tr. dor.*

Histoire des Animaux.

351 Dannubius Pannonico Mysicus observationi-

bus Geogr. Aſtron. Hidrograph. Hiſtor. Phyſic. perluſtratus ab Aloyſio Ferd. Com. Marſili. *Hagæ Com.* 1726. *6 vol. in-fol. g. p. figures, filets.*

352 Deſcription dn Danube, contenant des obſervations Géogr. Aſtron. Hydrogr. Hiſtor. & Phyſiques, par M. le Comte de Marſigli, trad. du Lat. *La Haye*, 1744, *6 v. in-fol. g. p. figures, filets.*

353 Sur la formation du cœur dans le poulet; ſur l'œil; ſur la ſtructure du jaune, &c. Mémoires expoſés des faits par M. Haller. *Lauſanne*, 1758, *3 vol. in-12.*

354 Diſſertation ſur la génération & les transformations des Inſectes de Surinam, par Marie Sibille Merian. *La Haye*, 1726, *in-fol. g. p. mar.*

355 Hiſtoire des Inſectes de l'Europe, deſſinée d'après nature, & expliquée par Marie Sibille Merian, trad. du Holl. en Franç. par J. Merret. *Amſt.* 1730, *in-fol. g. p. mar.*

356 Theſaurus imaginum piſcium teſtaceorum; ut & cochlearum, autore Rumphio. *Hagæ comitum*, 1739, *in-fol. figur. veau fauve. tr. dor.*

357 Hiſt. naturelle des Oiſeaux, ornée de 306 fig. qui les repréſentent au naturel, deſſinées & gravées par Eleazar Albin, & augmentée de notes & de remarques curieuſes, par W. Derham, trad. de l'Angl. *La Haye*, 1750, *3 vol. in-4. g. p. fig. enluminés, v. tr. dorée.*

358 Malpighi Diſſertatio Epiſtolica de Bombice. *Londini*, 1669, *in-4. figur.*

359 Catalogues raiſonnés de différens Cabinets de Curioſités naturelles, par Gerſaint en 1736

& 1737 ; ceux de Quentin de l'Orangere, de Fontpertuis, de la Roque, Bonnier de la Mosson, Valois & Godefroi. *Paris*, 4 *vol. in*-12. *v. m. filets.*

Medécine, Chirurgie & Chymie.

360 Barth. Castelli Lexicon Medicum Græco-Latinum edente Adr. Ravesteinio. *Rotterdam*, 1651, *in*-8°.

361 Hippocratis Aphorismi Gr. & Lat. *Glasguæ*, 1748, *in*-16. *v. ec.*

362 Satyre contre les Charlatans & Pseudo-médecins Empyriques, par M. Thom. Sonnet. *Par.* 1610, *in*-8. *rel. en velin.*

363 Des Maladies occasionnées par les promptes & fréquentes variations de l'air, par M. Jos. Raulin. *Paris*, 1752, *in*-12.

364 La Zucca del Doni corretta da Jer. Gio: da Capugnano. *In Venetia*, 1607, *in*-8. *mar. rouge.*

365 Opera nova intitulata il perche alla cosservatione della Sanita. *Venetia*, 1540, *in*-8. *mar. rouge.*

366 L'Art de conserver sa Santé, composé par l'Ecole de Salerne, avec la traduct. en vers franç. par Mr. B. L. M. *Paris*, 1749, *in*-12.

367 Le Manuel des Dames de Charité. *Paris*, 1755, *in*-12. *v. f. tr. dor.*

368 Dictionnaire Portatif de Santé, par M. L***. *Paris*, 1760, 2 *vol. in*-8.

369 Traité de l'usage des différentes sortes de Saignées, par J. B. Sylva. *Amst.* 1739, 2 *vol. in*-12. *v. f. filets.*

370 Traité des maladies Vénériennes, par Aſtruc. *Paris*, 1754, 4 *v. in*-12.

371 Traité complet de la Gonorrhée virulente des hommes & des femmes, par M. Darran. *Paris*, 1756, *in*-12.

372 L'Art de faire des Garçons, par M. ***. *A Montpellier*, *in*-12. *v. m. tr. dor.*

373 De l'indecence aux hommes d'accoucher les femmes & de l'obligation aux femmes de nourrir leurs enfans. *Par.* 1708. *in*-12.

374 Adverſaria Anatomica de omnibus corporis humani partium, tum deſcriptionibus cum picturis autore Tarin. *Pariſiis*, 1750, *in*-4. *br.*

375 Expoſition Anatomique de la ſtruction du corps humain, par Winſlow. *Amſt.* 1724, 4 *v. in*-12.

376 Oſtéographie, par Tarin.
Myographie, par le même.
Dictionnaire Anatomique, par le même. *Paris*, 1753, *in* 4. *figures.*

377 Elemens de Phyſiologie ou Traité de la Structure & des uſages des différentes parties du corps humain, trad. du Lat. de Haller. (par Tarin.) *Paris*, 1752, *in*-8.

378 Recueil des Remédes faciles & domeſtiques &c. recueillis par les ordres de Mad. Fouquet. *Paris*, 1739, 2 *vol. in*-12.

379 Elemens de Chymie, trad. du Lat. de Herman Boerhaave. *Paris*, 1754, 6 *vol. in*-12.

380 Cours de Chymie, contenant la maniere de faire les Opérations qui ſont en uſage dans la Medécine par une méthode facile, par M. l'Emery. *Paris*, 1756, *in*-4.

381 L'Art de la Teinture des Laines & des Etoffes de Laine en grand & petit teint, avec une instruction sur les debouillis, par M. Hellot. *Paris*, 1750, *in*-12. *filets*.

382 Democritus abderita de arte magna sive de rebus naturalibus. Dom. Pizimentio interprete. *Patavii*, 1573. *in*-8.

383 Trois Traités de la Philosophie naturelle, non encore imprimés, sçavoir le livre du Philosophe Artephius, lat. franç. plus les figures Hiéroglyphiques de Nic. Flamel. ensemble le livre du docte Synesius, le tout trad. par P. Arnauld, Sr. de la Chevallerie. *Paris*, 1612, *in*-4.

384 Trois Traités de la Philosophie naturelle, non encore imprimés, (par Bosnai.) *Paris*, 1618, *in*-8. *rel. en vel.*

385 Les Secrets & les fraudes de la Chymie & de la Pharmacie moderne, &c. trad. de l'Angl. *La Haye*, 1758, *in*-8.

Mathematique, Géometrie, Musique.

386 Abrégé des Elemens de Mathematiques, par M. Rivard. *Paris*, 1757, *in*-8.

387 Les Elemens d'Euclide du P. de Challes & de Ozanam, démontrés d'une maniere nouvelle, par M. Audierne. *Paris*, 1753, *in*-12.

388 Traité des forces mouvantes, par M. de Camus, Gentilhomme Lorrain. *Paris*, 1722, *in*-8. *mar. rouge*.

389 Principes sur le Mouvement & l'Equilibre, pour servir d'introduction aux Mécaniques & de la Physique, par M. Rabaud. *Paris*, 1753. *in*-8°.

390 Elemens de Géométrie, par M. de Malesieu. *Paris*, 1735, *in*-8.

391 Elemens de Géométrie, par Clairaut. *Paris*, 1753, *in*-8.

392 Traité de Trigonométrie rectilinge & spherique avec les Tables de Sinus, &c. *Paris*, 1741, *in*-8.

393 Histoire de la Musique & de ses effets depuis son origine jusqu'à présent, (par M. Bonnet,) *Paris*, 1715, *in*-12.

394 —— La même, *Amst.* 1725, 2 *vol. in*-12. *v. f. tr. dor.*

395 Génération harmonique, ou traité de Musique théorique & pratique, par le même. *Paris*, 1739, *in*-8

396 Observations sur notre instinct pour la Musique, & sur son principe, par M. Rameau. *Paris*, 1754, in-8.

397 Trattato di Musica secundo la vera scienza dell. armonia. *In Padova*, 1754, *in*-4.

398 Nouvelle méthode pour apprendre la Musique, par Monteclair. *Paris*, 1709, *in*-4.

399 Dissertations sur la Musique moderne, par M. Rousseau. *Paris*, 1747, *in*-8.

400 Traité de l'accord de l'Epinette avec la comparaison de son Clavier à la Musique vocale, par J. Denis. *Paris*, 1650, *in*-4. *rel. en velin.*

Un paquet de Brochures sur la Musique Franç. & Italienne contenant principalement presque toutes les Piéces qui ont été faites au sujet des Bouffons qui ont joué sur le Théâtre de l'Opera de Paris.

Art Militaire.

401 Les travaux de Mars, ou l'Art de la Guerre, par Mallet. *La Haye*, 1696, 3 *vol. in*-8. *fig.*

402 Elemens de l'Art militaire, par M. d'Hericourt, nouv. Edit. augmentée sur les nouvelles Ordonnances. *Paris*, 6 *vol. in*-12.

403 Essai sur l'Art de la Guerre, par M. le Comte Turpin de Crissé. *Paris*, 1754, 2 *vol. in* 4.

404 La Science des Ingenieurs, par Belidor. *Paris*, 1729 *in*-4. *G. P. figures.*

405 La Fortification réguliere & irréguliere qui comprend la construction, l'attaque & la défense de toutes sortes de Places, &c. tirée du cours de Mathématique de M. Ozanam. *Paris*, 1711, *in*-8.

406 Architecturre militaire, ou l'art de fortifier, démontré dans quarante Planches en taille-douce, par M.*** *La Haye*, 1741, 2 *vol. in*-4. *filets.*

407 Art de la Guerre, par M. de Puysegur. *Paris*, 1748, 2. *vol. in-fol. fig. G. P. ec. tr. dorée.*

408 Le petit Dictionnaire du temps, pour l'intelligence des nouvelles de la Guerre, par M. l'Admiral. *Paris*, 1757, *in*-8. *fig.*

409 Dictionnaire militaire, portatif, contenant tous les termes propres à la Guerre, par M. D. L. D. B. *Paris*, 1759, 3 *vol. in*-8.

Peinture, Sculpture, Gravure & Architecture.

410 Les premiers Elemens de la Peinture, pratique (par Michel Corneille.) *Paris*, 1684, *in*-12

411 L'Ecole d'Uranie, ou l'art de la Peinture, traduit du Lat. d'Alph. du Fresnoy, & de M.

l'Abbé de Marſy, avec des remarques, par le Sieur M. D. Q. *Paris*, 1753, *in-8. v. m. filets.*

412 Recueil de quelques Piéces concernant les Arts. *Paris*, 1758, *in-12.*

413 Dialogues ſur les Arts entre un Artiſte Américain & un Amateur François. *Amſt.* 1756, *in-12. v. m. filets,*

414 Hiſtoire des Arts qui ont rapport au Deſſein, par P. Monier. *Paris*, 1698, *in-12.*

415 Dictionnaire portatif de Peinture, Sculpture & Gravure, par Dom Pernety. *Paris*, 1757, *in-8.*

416 Nouveaux ſujets de Peinture & de Sculpture. *Paris*, 1755, *in-12. br.*

417 Les Regles du Deſſein & du Lavis, par Buchotte. *Paris*, 1722, *in-8. fig. v. m. filets.*

418 —— Les mêmes. *Paris*, 1743, *in-8.*

419 Dialoghi ſopra le tre arti del diſegno. *In Lucca*, 1754, *in-8. filets.*

420 Scalptura, Carmen, Autore Lud. Doiſſin. *Pariſiis*, 1753, *in-12. br.*

421 L'Art de laver, ou nouvelle maniere de peindre ſur le papier, par Gautier. *Lyon*, 1687, *in-12*

422 Entretiens ſur les vies & ſur les Ouvrages des plus excellens Peintres, anciens & modernes, avec la vie des Architectes, par Felibien. *Trevoux*, 1735, *6 vol. in-12.*

423 Voyage pittoreſque de Paris, par M. D.*** *Paris*, 1757, *in-12.*

424 Traité de Miniature pour apprendre aiſément à peindre ſans maître, *Paris*, 1711, *in 12.*

425 Lettres ſur la peinture à un amateur, *Geneve*, (*Paris*) 1750, *in-12, br.*

426 Dictionnaire abrégé de Peinture & d'Architecture, *Paris*, 1746, 2 *vol. in*-8, *br.*

427 L'Art de Peinture de C. A. du Frenoy, trad. en François avec des remarques, *Paris*, 1673, *in*-12. *v. m. filets.*

428 —— Le même avec des remarques, augmenté par M. de Piles, *Paris*, 1751, 2 *vol. in*-12.

429 Diesgno del Doni, *in Venetia*, 1549, *in* 12, *rel. en velin.*

430 Essai sur la perspective pratique par le moyen du calcul, par Cl. Roy, *Paris*, 1656, *in* 8. *br.*

431 Description des Tableaux du Palais Royal, avec la vie des Peintres à la tête de leurs ouvrages (par Dubois de Saint Gelais). *Paris*, 1727, *in*-12, *v. f. tr. dor.*

432 Catalogue des tableaux du Cabinet du Roi au Luxembourg, *Paris*, 1755, *in*-8.

433 Catalogue raisonné de toutes les piéces qui forment l'Œuvre de Rembrandt, composé par feu M. Gersain, *Paris*, 1751, 2 *vol. in*-12, *br.*

434 Catalogue raisonné de tableaux, desseins & estampes des meilleurs maîtres d'Italie, &c. Par P. Remy, *Paris*, 1757, *in*-12.

435 Un paquet de brochures contenant les différentes expositions de Peinture faites au Louvre avec les critiques de ces différens Salons.

436 Un paquet de Catalogues de tableaux, desseins & estampes de différens auteurs, *br.*

437 Lettre sur la peinture, la sculpture & l'architecture, *Amst.* (*Paris*) 1749, *in*-12.

438 Cabinet des singularités d'architecture, peinture, sculpture & gravûre, par Florent le Comte, *Paris*, 1699, 3. *vol. in*-12.

439 Moyen universel de pratiquer la perspective sur les tableaux ou surfaces irrégulieres, par A. Bosse, *Paris*, 1653, *in*-8.

440 Catalogue des estampes gravées d'après Rubens, par R. Hecquet, *Paris*, 1751, *in*-12.

441 Chroa-genesie, ou génération des couleurs, contre le systême de Newton, par Gautier, 1749, *in*-8, *br.*

442 Réflexions sur quelques causes de l'Etat présent de la peinture en France. *La Haye*, 1748, *in*-12, *v. m. filets.*

443 L'Art du feu ou de peindre en émail, par le sieur J. P. Ferrand, *Paris*, 1722, *in*-12.

444 Réflexions critiques sur les différentes Ecoles de peinture (par le Marquis d'Argens). *Paris*, 1752. *in*-8.

445 Riposta alle reflexioni critiche sopra le differenti scuole di Pittura del sig. Marchese d'Argens (da Venanzio Monaldini) *Lucca*, 1755. *in*-8, *rel. en vel.*

446 Lettre à un amateur de la Peinture, avec des éclaircissemens historiques sur un Cabinet & les Auteurs des Tableaux qui le composent, *Dresde*, 1755, *in*-8, *v. m. filets.*

447 Discours sur la Peinture & sur l'Architecture, *Paris*, 1758, *in*-8, *br.*

448 Essai sur la Peinture, la Sculpture & l'Architecture, par M. de B**, 1752, *in*-8, *v. f. tr. dor.*

449 Le moyen de devenir Peintre en trois heures, *Paris*, 1755, *in*-12 *br.*

450 Tableaux tirés de l'Iliade, de l'Odissée d'Homere & de l'Eneïde de Virgile, avec des Observations générales sur le Costume (par M. le Comte de Caylus) *Paris*, 1757, *in*-8.

451 Mémoire ſur la Peinture à l'encauſtique & ſur la Peinture à la cire, par le même. *Paris*, 1755, *in-8, v. m. filets.*

452 Traité de la méthode antique de graver en pierres fines comparée avec la méthode moderne & expliquée en diverſes planches, par Laur. Nattes, *Londres*, 1754, *in fol. v. f. filets.*

453 Le Pitture antiche del ſepolcro de Nazonii diſegnate ed intagliate da Bartoli deſcritte & illuſtrate da Bellori *in Roma*, 1680, *in-fol. couv. en vel.*

454 Le grand Cabinet des Tableaux de l'Archiduc Leopold Guillaume, &c. Peints par des maîtres Italiens, & deſſinés par D. Teniers, & gravés ſous ſa direction, *Amſt.* 1755, *in-fol. br.*

455 Deſſings By, R. Bentley for ſix Poems By T. Gray, *London*, 1753, *in-fol. figures, br. en carton.*

456 La pittura in Parnaſo opera di Ciocchi *in Firenze*, 1725, *in 4, rel. en velin.*

457 Trattato della pittura e ſcultura uſo & abuſo loro, *iu Fiorenza*, 1652, *in-4, rel. en velin.*

458 Pitture del Doni, *in Padova*, 1564, *in-4, rel. en velin.*

459 Della Generazione de colori, libri tre dal Falagiani, *in Lucca*, 1745, *in-4, rel. en velin.*

460 Abecedario pittorico del Ant. Orlandi contenente le Notizie de profeſſori di pittura, Scoltura ed architettura corretto e accreſciuto di nuove notizie da Guarienti, *in Venezia*, 1753, *in-4, filets.*

461 Nouvelle méthode pour apprendre à deſſiner ſans maître, enrichie de cent vingt planches (par Cochin) *Paris*, 1740, *in-4, g. p.*

462 Sentimens sur la distinction de diverses manieres de peinture, dessein & gravûre & des originaux d'avec leurs copies, par A. Bosse, *Paris*, 1649, *in*-12.

463 L'Académie de la peinture nouvellement mise au jour pour instruire la jeunesse à bien peindre en huile & en miniature (par de la Fontaine) *Paris*, 1679, *in*-12.

464 L'Art de peinture de C. A. du Frenoy, trad. en François avec des remarques, *Paris*, 1668, *in*-8.

465 Cours de peinture par principes, composé par M. de Piles. *Paris*, 1708, *in*-12.

466 Le Peintre converti aux précises & universelles régles de son Art, par A. Bosse. *Paris*, 1667, *in*-8.

467 Catalogue des Tableaux du Cabinet de M. Crozat Baron de Thiers. *Paris*, 1755, *in*-8, *br.*

468 Régles des cinq ordres d'architecture de Vignolle, revues & réduites de grand en petit, par le Muet. *Paris*, 1657, *in*-8, *figures*, *rel. en velin.*

469 —— Le medesime nell. Ital. con una augmentatione nuova di Mich. Aug. Bonaroti ed altri, *in*-12, *br. en carton.*

470 Traité des cinq ordres d'architecture dont se sont servi les anciens, tra. du palladio par le sieur le Muet. *Amst.* 1682, *in*-4, *rel. en velin.*

471 L'architecture pratique, par M. Bullet. *Paris*, 1732, *in*-8.

472 Discorsi di architettura del Giov. Bal. Nelli, *in Firenze*, 1753, *in* 4, *filets.*

473 Discours sur la nécessité de l'étude de l'architec-

ture, par Blondel. *Paris*, 1754, *in-8*, *br.*

474 Le Génie du Louvre aux Champs Elisées, Dialogue, 1756, *in-12*, *br.*

475 L'Esprit des beaux Arts, *Paris*, 1753, 2 *vol. in-12.*

476 Catalogue des collections de Desseins & Estampes, d'Histoire naturelle, &c. de M. l'Abbé de Fleury. *Paris*, 1756, *in-12*, *br.*

477 Catalogue d'un Cabinet de diverses curiosités, par les sieurs Helle & Glomy. *Paris*, 1752, *in-12*, *br.*

Arts différens & Gymnastiques, &c.

478 Dictionnaire historique, Théorique & pratique de Marine, par Saverien. *Paris*, 1758, 2 *vol. in-8.*

479 La nouvelle Méthode raisonnée du Blason, pour l'apprendre d'une maniere aisée, par le P. Ménestrier. *Lyon*, 1750, *in-12.*

480 Méthode & invention nouvelle de dresser les chevaux, par le Comte de Newcastle, avec figure en taille-douces. *Londres*, 1737, *in-fol. filets.*

481 Ecole de Cavalerie, par de la Gueriniere. *Paris*, 1753, *in-fol. fig.*

482 ——La même, *Paris*, 1754, 2 *vol. in-8*, *fig.*

483 Manuel de Cavalerie, par le même. *La Haye*, 1742, *in-8*, *fig.*

484 Le nouveau parfait Maréchal ou la connoissance générale & universelle du cheval, par M. Fr. A. de Garsault, avec figures en taille-douce. *Paris*, 1755, *in-4.*

BELLES

BELLES-LETTRES.

Introduction aux Belles-Lettres.

485 Recherches curieuſes ſur la diverſité des Langues & Religions, par Ed. Brerewood, & miſes en Franç. par J. de la Montagne. *Paris*, 1640, *in-8*

486 Traité du choix & de la méthode des Etudes, par Claude Fleury. *Paris*, 1740, *in-12.*

487 De la maniere d'enſeigner & d'étudier les Belles-Lettres, par rapport à l'eſprit & au cœur, par M. Rollin. *Paris*, 1740, 2 *vol. in-4.*

488 —— Le même. *Amſt. Mortier*, 1645, 4 *vol. in-12. v. f. filets.*

489 Eſſais ſur l'Hiſtoire des Belles-Lettres, des Sciences & des Arts, par Juvenel de Carlencas. *Lyon*, 1649, 4 *vol. in-8.*

490 Cours de Belles-Lettres, ou principes de la Littérature, (par M. l'Abbé le Batteux.) *Paris*, 1753, 4 *vol. in-8.*

491 —— Le même *Leyde*, 1755, 3 *vol. in-12.*

Grammaires & Dictionnaires de la Langue Grecque.

492 Nouvelle méthode pour apprendre facilement la Langue Grecque, (par Lancelot.) *Par. Le Petit*, 1656, *in 8. filets.*

493 Le Jardin des Racines Grecques miſes en Vers François, (par Lancelot,) *Paris*, 1674, *in-12. v. f. tr. dor.* G

494 Teſoro della Lingua Græca, volgare ed Italiana. *Paris*, 1709, *in-4*.

Grammaires & Dictionnaires de la Langue Latine.

495 Nouv. méthode pour apprendre facilement la Langue Latine, par (MM. de Port Royal.) *Paris*, 1681, *in-8*.

496 Expoſition d'une méthode raiſonnée pour apprendre la Langue Latine, (par M. Dumarſais,) *Paris*, 1722, *in-8*.

497 Conſtruction ſimple du texte de l'abregé de la Fable, par le même, *Paris*, 1733, *in-8. br.*

498 Choix d'Auteurs claſſiques, premiere partie. L'abregé de la Fable du P. de Jouvency, avec la conſtruction du Lat. & une double interprétation interlinaire, par le même. *Paris*, 1743, *in-4. br. en carton.*

499 Nouvelle méthode pour apprendre la Langue Latine, par Delaunay. *Paris*. 1756, *in-8. br.*

500 Moyens ſûrs d'apprendre facilement les Langues, & principalement la Latine, (par M. Chompré.) *Paris*, 1757, *in-12. br.*

501 Introduction à la Langue Latine par la voie de la traduction, (par le même.) *Paris*, 1757, *in-12*.

502 Cours de Latinité (par Vaniere) *Paris*, 1759, *in-8*, *br.*

503 Rob. Stephani Theſaurus Linguæ Latinæ. Cum annot. Henr. Stephani Baſileæ, 1740, 4 *vol. in-fol. filets*.

504 Dictionarium Latinum & Gallicum autore P. Danetio, *Parisiis*, 1694, *in*-4.

505 Novitius seu Dictionarium Latino, Gallicum Schreveliana methodo digestum, *Lutet. Paris*, 1721, 2 *vol. in*-4.

Grammaires & Dictionnaires de la Langue Françoise.

506 Projet du Livre intitulé, de la Précellence du Langage François, par Henr. Etienne, *Paris*, 1579, *in*-8. *mar. rouge*, *lav. regl.*

507 Les origines de la Langue Françoise, par Menage. *Paris*, 1650, *in*-4.

508 Traité de la Grammaire Françoise, par M l'Abbé Regnier Desmarais. *Paris*, 1706, *in*-4.

509 Grammaire générale & raisonnée (de Port-Royal avec les Notes de M. Duclos.) *Paris*, 1756, *in*-12.

510 Principes généraux & raisonnés de la Grammaire Françoise, par M. Restaut. *Paris*, 1732, *in*-12.

511 Grammaire Françoise, ou la maniere dont les personnes polies & les bons Auteurs ont coutume d'écrire & de parler, par l'Abbé de Vailly. *Paris*, 1754, *in*-12. *br.*

512 Des Tropes, ou des différens sens dans lesquels on peut prendre un même mot dans une même langue, par M. Dumarsais. *Paris*, 1757, *in*-8.

513 Synonymes François, leurs différentes significations & le choix qu'il en faut faire pour parler avec justesse, par l'Abbé Girard. *Paris*, 1751, *in*-12.

514 Les mêmes, *Genêve*, 1757.
Traité de la Profodie Françoife, par M. l'Abbé Dolivet. *La Haye*, 1757, *in*-12.

515 L'Art de bien parler François, par M. de la Touche. *Amst.* 1747, 2 *vol. in*-12. *ec. filets.*

516 Traité de l'Ortographe Françoife en forme de Dictionaire, par Reftaut, 1755, *in*-8.

517 Dict. univerfel, contenant généralement tous les mots François, tant vieux que modernes, & les termes des Sciences & Arts, recueillis par Ant. Furetiere. *La Haye*, 1701, 3 *vol.in-fol.*

518 Dict. univerfel François & Lat. *Trevoux*, 1704, 3 *vol. in-fol.*

519 Dictionn. François & Latin, par Danet. *Lyon*, 1721, *in*-4. *v. f. filets.*

520 Dictionn. François & Latin, par le P. Joubert. *Paris*, 1746, *in*-4.

521 Dictionnaire Univerfel, François & Latin, (Vulgairement appellé Dictionn. de Trevoux.) *Paris*, 1752, 7 *vol. in-fol.*

522 Dictionnaire de la Langue Françoife ancienne & moderne, par P. Richelet. *Lyon*, 1759, 3 *vol. in-fol.*

523 Dictionnaire Portatif de la Langue Françoife extrait du grand Dictionn. de P. Richelet. *Lyon*, 1756, *in*-8.

524 Manuel Lexique ou Dictionn. Portat. des mots François, dont la fignification n'eft pas familiere à tout le monde. (par l'Abbé Prevoft.) *Paris*, 1750, *in* 8.

525 Dictionn. Comique, Satyrique, Critique, Burlefque, libre & proverbial, par le Roux. *Amst.* 1750, *in*-8. *v. f. filets.*

Grammaires & Dictionnaires des Langues Italiennes, Espagnoles & Angloises.

526 Della Eloquenza Italiana di Giust. Fontanini libri tre. *In Venezia*, 1737, *in*-4.

527 I quatro libri delle osservationi di M. Lodovico Dolce. *In Venetia*, 1606, *in*-8.

528 Grammaire Italienne pratique & raisonnée, par l'Abbé Antonini. *Paris*, 1758, *in*-12.

529 Nouvelle méthode contenant en abrégé tous les principes de la langue Italienne, par Bertera. *Paris*, 1747, *in*-12. *br.*

530 Lezioni di lingua Toscana di Dom. Maria Manni. *In Firenze*, 1737, *in*-8. *v. f. filets.*

531 Lezioni di lingua Toscana dettate dal Sig. Girol. Gigli coll'aggiunta di tre discorsi Accademici e di varie Poesie raccolte dall abate Catena. *In Venezia Pasquali*, 1744, *in*-8. *ec. tr. dorée.*

532 Vocabolario degli Academici della Crusca. *In Napoli*, 1746, 6 *vol. in-fol. filets.*

533 Vocabolario degli Academici della Crusca compendiato. *In Venezia*, 1741, 5 *vol. in*-4. *filets.*

534 Dictionnaire Italien & François, & François & Italien, par le Sr. Veneroni. *Paris*, 1749, 2 *vol. in*-4.

535 Abrégé de la Crusca ou Dictionn. Portatif Franç. & Ital. par le P. Fabretti. *Lyon*, 1757, *in*-8.

536 Nouvelle Grammaire Espagnole, par l'Abbé de Vayrac. *Paris*, 1714, *in*-12.

537 Le Trésor des deux langues Espagnole & Françoise, par Oudin. *Paris*, 1660, *in-4*.

538 Dictionn. Espagnol & François, & François & Espagnol, par Sobrino. *Bruxelles*, 1751, *2 vol. in-4. ec. filets.*

539 Grammaire Angloise & Françoise, par Mrs. Miege & Boyer, revue & corrigée par M. Mather Flint. *Paris*, 1750, *in-12.*

540 New. and Familier Phrases and Dialogues in french and english. *London*, 1736, *in-12.*

541 Dictionnaire Royal François-Anglois & Anglois-François, par M. A. Boyer. *Lyon*, 1756, *2 vol. in-4.*

RHÉTORIQUE ET ORATEURS.

542 La Rhétorique d'Aristote*, trad. en François par Cassandre. *La Haye*, 1718, *in-12. v. m. tr. dorée.*

543 Rhétorique Françoise à l'usage des jeunes Demoiselles, avec des exemples tirés de nos meilleurs Orateurs & Poëtes modernes. *Paris*, 1752, *in-12.*

544 Isocrates nuper accurate recognitus & auctus. Græc. *Venetiis Aldus*, 1534, *in-fol. lav. reglé.*

545 M. F. Quintiliani de Oratoria institutione libri XII. ex recogn. Cl. Capperonier. *Parisiis Coutellier*, 1725, *in-fol. ec. tr. dor.*

546 M. Tullii Ciceronis Opera, cum optimis exemplaribus accurate collecta. *Lugd. Bat. Elzevir*, 1642, 10 *vol. in-12. mar. roug.*

547 Ejusdem, Ciceronis Opera cum delectu Commentariorum. Edebat Jos. Olivetus. *Genevæ*, 1758, 9 *vol. in-4.*

548 Ejusdem, Ciceronis Orationes Interpretatione & notis illustravit P. Carolus de Meronville S. J. usum Serenissimi Delphini. *Parisiis*, 1683, 3 *vol. in* 4.

549 Q. Asconii Pediani Commentationes in aliquot M. Tullii Ciceronis Orationes. *Lugd. Bat.* 1644, *in*-12. *rel. en vel.*

550 Le Orazioni di Marco Tullio Cicerone, tradotte da Lodovico Dolce con un breve discorso in materia di Rettorica. *In Vinegia*, 1727, 3 *vol. in*-4.

551 Ejusdem Ciceronis, de Officiis libri tres, de Amicitia, de Senectute : cum paradoxis & Somnio Scipionis. *Lugd. Seb. Gryph.* 1545, *in*-12. *mar. rouge. lav. regl. doubl. de mar.*

552 Demetrius Phalereus de Elocutione G. & Lat. *Glasguæ*, 1743, *in* 8. *tr. dor.*

553 Conciones & Orationes ex Historicis Latinis excerptæ. *Amst. Elzevir*, 1653, *in*-12. *mar. roug.*

554 Harangues Militaires, & concions de Princes, Capitaines, Ambassadeurs, manians tant la guerre que les affaires d'Etat, recueillies par Fr. de Belleforest. *Paris*, 1752, 2 *vol. in-fol. mar. bleu dentelle.*

555 Recueil des Oraisons funebres, prononcées par Messire J. B. Bossuet, Evêque de Meaux, *Paris*, 1754, *in*-12.

556 Recueil des Oraisons funebres, prononcées par Messire Esprit Fléchier, Evêque de Nismes, *Paris*, 1754, *in*-12.

557 Recueil des Oraisons funebres, prononcées par Messire Jules Mascaron, Evêque d'Agen, *Paris*, 1745, *in*-12.

558 Discours & autres ouvrages de M. le Chancellier Daguesseau, *Amst.* (*Paris*) 1756, 2 *vol.* *in*-12.

559 Un paquet contenant différens Discours prononcés à l'Académie Françoise, *in*-4. *br.*

560 Discorsi Academici di vari autori viventi intorno agli studi delle donne, *in Padova Manfré*, 1729, *in*-8. *v. m. tr. dor.*

POETIQUE.

561 La Poëtique d'Aristote, trad. en Franç. avec des remarques. *Paris*, 1692, *in*-4.

562 —— La même, trad. en François avec des remarques critiques, par M. Dacier. *Amst.* 1733, *in*-12.

563 Connoissance des Poëtes les plus célebres, ou moyen facile de prendre une teinture des humanités. *Paris*, 1752, 2 *vol. in*-12.

Poëtes Grecs.

564 Hesiode de Salvini Grec. & It. 2 *vol. in*-8. *tr. dor. sans titre.*

565 Homeri quæ extant omnia Græc. & Lat. *Aureliæ Allobrogum*, 1606, *in-fol. mar. rouge dentelle.*

566 Ejusdem Homeri Ilias, Grec. *Glasguæ*, 1747, 2 *vol. in*-12. *v. ec.*

567 L'Iliade d'Homere, trad. en Franç. avec des remarques, par Mde. Dacier. *Paris*, *Rigaud*, 1711, 3 *vol.* in-12.

568 L'Homere travesti ou l'Iliade en vers burlesques. *Paris*, 1716, 2 *vol. in*-12.

569 The Iliad of Homer translated By Pope. *London*, 1729, *6 vol in-8. v. f. tr. dor.*

570 Iliade e odissea d'Omero tradotte dal Greco in Versi Sciolti da Anton. Maria Salvini, *in Padova Manfré*, 1742, *2 vol. in-8. v. tr. dor.*

571 Nonni Dyonisiaca Stobei Phisica. *Antverpiæ*, 1565 *in-4. absque titulo.*

572 Callimachi Cyrenæi Hymni, Epigrammata & fragmenta quæ extant. Et Separatim Moschi & Bionis idyllia, cum annot. Vulcanii. *Antverpiæ. Plantin*, 1584, *in-12.*

573 Æschyli Tragediæ, VII. Græc. *Antverpiæ Plantin*, 1580, *in-12. mar. rouge lav. regl. doubl. de mar.*

574 Sophoclis Tragediæ septem Grec. Cum interpret. vetustis. *Florentiæ*, 1547, *in-4. filets.*

575 Ejusdem Tragediæ Grec. *Typis Regiis Parisiis Turnebum*, 1553, *in-4. mar. rouge dentelle.*

576 Ejusdem Tragediæ VII. Græc. *Antverpiæ Plantin*, 1579, *in-12. mar. rouge. lav. reg. doubl. de mar.*

577 Ejusdem Tragediæ VII. cum vers. Lat. *Cantabrigiæ*, 1665, *in-8. v. f. tr. dor.*

578 Euripidis Tragediæ XIX. Græc. *Antverpiæ Plantin*, 1571, *in-12. mar. rouge lav. regl. doubl. de mar.*

579 Tragedie di Euripide Greco Italiane in versi illustrate di annotazioni dal P. Carmeli, *in Padoua Manfre*, 1743, 10. *vol. in-8. v. f. dor S. tr.*

580 Aristophanis Comediæ novem cum commentariis antiquis Grec. *Basil*, 1547, *in-fol. écail. tr. dor.*

581 Comedies grecques d'Aristophane, trad. en

Franç. par Mde. Dacier, *Paris*, 1692, *in*-12. *v. f. tr. dor.*

582 Pindari Olympia, Pythia Nemea, Isthmi cœterorum octo Lyricorum carmina, Græc & Lat. *Antverpiæ*, *Plantin*, 1577, *in*-12. *mar. r. lav. regl. doubl. de mar.*

583 Ejusdem Pindari Carmina Græce ex editione Oxoniensi. *Glasguæ Foulis*, 1754, *in*-32, *mar. rouge.*

584 Anacreontis Odæ & fragmenta Gr. & Lat. cum notis Corn. de Pau. *Ultrajecti*, 1732, *in*-4. *v. ec.*

585 Ejusdem Anacreontis & Sapho Carmina Græce. *Glasguæ Foulis*, 1751, *in*-32, *mar. rouge.*

586 Ejusdem Anacreontis Carmina Græce *Lutetiæ, Parisiorum*, *Grangé*, 1754, *in*-12. *ec. tr. dor.*

587 Les Poësies d'Anacreon & de Sapho, trad. de Grec en Franç. avec des remarques par Mlle. le Fevre. *Paris*, 1681, *in*-12, *mar. bleu.*

588 Les mêmes, trad. en Franç. avec des remarques, par Mde. Dacier. *Amst.* 1716, *in*-8. *mar. rouge.*

589 Les Odes d'Anacreon & de Sapho, en vers François, par le Poëte Sansfard (Fr. Gacon) *Rotterd. Fritsch*, 1712, *in*-12. *mar. rouge.*

590 Les Poësies d'Anacreon, trad. du Grec en vers François, par F. G***. (François Gacon). *Paris*, *Grangé*, 1754, *in*-12. *ec. tr. dor.*

591 Gl'idilli Teocrito Siracusano, *in*-8. *senza titulo.*

592 Les Idylles de Bion & de Moschus, trad. de Grec en vers François avec des remarques & le texte Grec (par M. de Longe-Pierre) ensemble

quelques Idylles du Traducteur. *Amst. Desbor-* 1688, *in-12. mar. rouge.*

593 Musæi Grammatici de Herone & Leandro carmen Græc. & Lat. ex recensione Mathiæ Rover. *Lug. Bat. Haak*, 1737, *in-8. filets.*

594 Le Théâtre des Grecs, par le P. Brumoy. *Paris*, 1749, *6 vol. in-12.*

Poëtes Latins Anciens.

595 Gradus ad Parnassum sive novus Synonimorum, Epithetorum, Phrasium poëticarum ac versuum Thesaurus. *Augustoriti Pictonum*, 1740. *in-8.*

596 M. A. Plauti Comœdiæ. *Antuerpiæ Plantin*, 1666, *2 vol. in 16. lettres rondes.*

597 Eædem, Plauti Comœdiæ superstites XX. ad ultimam editionem J. F. Gronovii, accuratissime expressæ. *Amst. Westein*, 1721. *in-32. v. f. tr. dorée.*

598 Les Œuvres de Plaute en Lat. & en Franç. traduction nouvelle, par H. P. de Limiers, enrichie de figures. *Amst.* 1719, 10 *vol. in-12. v. f. filets.*

599 —— Les mêmes, traduit par Gueudeville. *Leide*, 1719, 10 *vol. in-12.*

600 Pub. Terentii Comœdiæ sex ex recensione Heinsiana. *Lugd. Bat. Elzevir*, 1635, *in-12. mar. rouge.*

601 Eœdem, Terentii Comœdiæ com notis & additionibus Faerni & Bentleii. *Amst. in-8.*

602 Eœdem, Terentii Comœdiæ sex ex recensione Heinsiana. *Amst. Westein, in-32. v. f. tr. dorée.*

603 Eædem, Terentii Comœdiæ. *Londini Sandby*, 1750, 2 *vol. in*-8. *g. p. figur. ec. tr. dorée.*

604 Les Comédies de Terence, trad. en Franç. avec des remarques, par M. D***. (*Dacier.*) *Paris*, 1688, 3 *vol. in*-12. *v. m. filets.*

605 —— Les mêmes, avec la traduction & les remarques de M. Dacier. *Rotterd. Fritsch.* 1717. 3 *vol. in*-8. *mar. rouge.*

606 —— Les mêmes. *Avignon*, 1740, 3 *vol. in*-12.

607 Il Terentio Latino commentato in lingua Toscana e ridotto a la sua vera latinita da Giovanni Fabrini. *In Venetia*, 1565, *in*-4.

608 Titi Lucretii Cari de rerum natura libri sex, *Lutet. Paris. Coutellier*, 1744, *in*-12. *p. d'holl. mar. rouge.*

609 Lucrece de la nature des choses avec des remarques sur les endroits les plus difficiles (par le Baron des Coutures.) *Paris*, 1708, 2 *vol. in*-12. *v. f. tr. dor.*

610 Di Tito Lucrezio caro della natura delle cose libri sei, tradotti dal Latino in Italiano da Allessandro Marchetti. *Londra*, 1717, *in*-8.

611 Il Medesimo. *In Amst.* (*Parigi.*) 1754, *con figure del Signor Cochin*, 2 *v. in*-8. *g. p. m. roug. dentelle, lav. & regl.*

612 Catullus Tibullus Propertius. *Lutet. Parisiorum, Coutellier*, 1723, *in*-4. *v. f. filets.*

613 Ejusdem, Catulli Tibulli & Propertii Opera accedunt fragmenta Corn. Gallo inscripta. *Lugd. Bat.* (*Parisiis Coutellier.*) 1743, *in*-12. *pap. d'holl. mar. rouge.*

614 Elegie di Tibullo, Properzio ed Albinovano

trad. in terza rima da Oresbio Agico con annotazioni di Gio : Girolamo Carli. *In Lucca*, 1745, *in-4°.*

615 P. Virgilii Maronis Opera interpretatione & notis illustravit Car. Ruœus. *Parisiis*, 1714, *3 vol. in-12.*

616 Eadem, Opera ex editione Nic. Heinsii & P. Burmanni. *Amst. Westein*, 1744, *in-32. v. f. tr. dorée.*

617 Eadem, Opera curis & studio Steph. And. Philippe. *Lut. Parisiorum*, *Coutellier*, 1745, *3 vol. in-12. figur. pap. d'holl. mar. roug.*

618 Eadem, Opera. *Londini Sandby*, 1750, *2 v. in-8. gr. pap. figur. ec. tr. dorée.*

619 Sibylla Capitolina Pub. Virgilii Maronis Poemation. *Oxonii*, 1726, *in-8. v. m. tr. dor.*

620 Les Poësies de Virgile avec des notes Critiques & Histor. par le P. Catrou. *Paris*, 1729, *2 vol. in-12.*

621 —— Les mêmes, Œuvres de Virgile, trad. en Franç. le texte vis-à-vis de la traduction, avec des remarques, par l'Abbé Desfontaines. *Paris*, 1743, *4 vol. in-12.*

622 —— Les mêmes, le texte vis-à-vis de la traduction, par le même. *Amsterd.* 1759, *4 vol. in-12. v. ec.*

623 Dell Eneide di Virgilio del Commendator Annibal Caro. *In Padoa*, 1631, *in-18.*

624 Q. Horatii Flacci Poemata cum notis J. Bond. *Amst. Elzevir*, 1676, *in-12. rel. en velin.*

625 Eadem, Horatii Opera accesserunt variæ lectiones quæ in libris Ms. & eruditorum commentariis notata digniores occurrunt. *Canta-*

brigiæ Tonſon, 1699, *in-4. g. p. v. tr. dor.*

626 Eadem Horatii Opera. *Pariſiis è Typographia regia*, 1732, *in-12. mar. rouge.*

627 Eadem Horatii Opera ex recenſione Heinſii & T. Fabri. *Amſt. Weſtein*, 1743, *in-32. v. f. tr. dor.*

628 Eadem Horatii Carmina accurante Steph. And. Philippe. *Lutet. Pariſ. Coutellier*, 1746, *in-12. pap. d'holl. mar. rouge.*

629 Eadem. *Londini*, *Sandby*, 1750, 2 *vol. in-8. g. p. fig. ec. tr. dor.*

630 Œuvres d'Horace en Lat. & en Franç. avec des remarques Crit. & Hiſtor. par M. Dacier. *Amſt. Weſtein*, 1727, 10 *vol. in-12. mar. bleu.*

631 —— Les mêmes, en vers Franç. avec des notes pour l'éclairciſſement du texte. *Paris*, 1752, 5 *vol. in-12.*

632 Les Poëſies d'Horace traduites en Franç. avec des remarques & des diſſertations critiques, par le R. P. Sanadon. *Amſt.* 1756. *in-8. G. P.*

633 Le Ode di Q. Orazio Flacco expreſſe in vari metri di Verſo Italiano diviſe in cinque Libri. *In Verona*, 1746, *in-8. filets.*

634 P. Ovidii Nazonis Opera ex recenſione Dan. Heinſii. *Lugd. Bat. Elzevir*, 1629, 3 *vol. in 12. filets.*

635 Eadem Ovidii Opera. *Amſt.* 1735, 3 *vol. in-32. v. f. tr. dor.*

636 L'art d'aimer d'Ovide diviſé en trois Livres trd. en Franç. par le Sieur Naſſe. *Lyon*, 1622, *in-8°.*

637 L'art d'aimer, & le reméde d'amour, traduc. d'Ovide en Vers Franç. ornée de fig. *Amſt.*

(*Paris*, 1757 . . . L'art d'aimer, Poëme héroïque en quatre chants. 1745. . . L'art de plaire, Poëme héroïque en trois chants. 1756, *in*-8. *v. m. tr. dorée.*

638 Commentaires sur les Epitres d'Ovide, par Gaspard Bachet, Sieur de Meziriac. *Rotterdam*, 1722, 2 *vol. in*-8. *G. P. v. f. tr. dor.*

639 Métamorphoses d'Ovide en rondeaux, enrichis de fig. *Paris, de l'Imprim. Royale*, 1676, *in*-4. *G. P. mar. rouge.*

640 Les mêmes enrichis de fig. *Amst. Mortier*, 1697, 2 *vol. in*-8. *tr. dor.*

641 Les mêmes Métamorphoses d'Ovide avec des explications à la fin de chaque Fable, trad. nouv. par l'Abbé de Bellegarde. *Paris*, 1601, 2 *vol. in*-8. *fig.*

642 Les mêmes trad. en Franç. par du Ryer. *La Haye*, (*Paris*,) 1744, 4 *vol. in*-12. *fig.*

643 Les mêmes trad. en Franç. avec des remarques & des explications historiques, par M. l'Abbé Banier. *Paris*, 1757, 3 *vol. in*-12.

644 Le Metamorfosi d'Ovidio di Giovanni Andrea dell Anguillara. *In Vinegia Griffio*, 1561, *in*-4.

645 Le Médesime ridotte da Giov. Andrea dell Anguillara con la nota zioni di Giuseppe, è con gli argomenti di Franc : Turchi. *In Venezia*, 1757, 3 *vol. in*-12.

646 Al de Werken van P. Ovidius Nazo verta alt door Abraham Valentyn. *Leyden*, 1678, *in*-12. *avec fig. mar. rouge.*

647 Fabularum Æsopiarum Libri V. *Glasguæ*, 1754, *in*-12.

648 Phædri Fabulæ & Publii Syri Sententiæ. *Parisiis*, *ex Typographiâ Regiâ*, 1729, *in-12. mar. rouge.*

649 Cent Fables choisies des anciens Auteurs mises en Vers Latins,, par G. Faerne, & trad. par Perrault avec figures en taille-douce. *Londres*, in-4. *filets.*

650 L. Annæi Senecæ Tragœdiæ cum notis Gronovii &c. cum recensione J. Schroderi. *Delphis*, 1728, *in-4.*

651 La Pharsale de Lucain en Vers François, par de Brebœuf. *Leyde*, *Elzevir*, 1658, *in-12.*

652 —— La même. *Paris*, 1665, *in-12.*

653 Lucans Pharsalia translated English verse Nic. By Rowe. *London*, 1720, 2 *vol. in-8. v. f. tr. dor.*

654 Decii Juvenalis Aquinatis Satiræ. *Parisiis*, 1498, *in-4. sine titulo.*

655 Ejusdem Juvenalis & Auli Persii Flacci Satyræ cum annotationibus Thom. Farnabii. *Amst. Jansson*, 1642, *in-12.*

656 Eædem Satyræ. *Amst. Westein*, 1735, *in-12. v. f. tr. dorée.*

657 Traduction nouvelle des Satyres de Perse & Juvenal, (par le P. Tarteron.) *Paris*, 1698, *in-12. v. f. filets.*

658 Sillius Italicus cum interpretatione P. Marsii. *Venetiis*, 1483, *in fol.*

659 M. Val. Martialis ex musæo P. Scriverii. *Amst. Elzevir*, 1650, *in-32.*

660 Ejusdem Martialis Epigrammatum Libri. *Parisiis*, 1754, 2 *vol. in-12. mar. rouge.*

661 Florilegium Epigrammatum Martialis. Josephus

sephus Scaliger Jul. Cæsaris f. vertit græcè. *Lutetiæ Rob. Stephani*, 1607, *in*-8.

662 Cl. Claudiani quæ extant ex recensione Nic. Heinsii. *Lugd. Bat Elzevir*, 1650, *in*-12. *rel. en velin.*

663 D. Magni Ausonii Opera ex recensione J. B. Souchay. *Parisiis*, 1750, 2 *vol. in*-4.

664 Aurelii Prudentii Clementis quæ extant *Amst. Elzevir*, 1667, *in*-12. *mar. rouge.*

665 Pervigilium Veneris, ex editione P. Pithæi. Item Ausonii Cupido cruci affixus cum notis variorum. *Hagæ comitum*, 1712, *in*-8.

666 Priapeia, sive diversorum Poëtarum in Priapum lusus. *in*-12.

Poëtes Latins modernes.

667. La Callipedie trad. du Poëme latin de Cl. Quillet. *Paris*, 1749, *in*-12.

608 Paraphrasis Psalmorum Davidis poëtica, Autore Georg. Buchanano. *Antverpiæ*, *Plantim.* 1588, *in*-16. *rel. en velin.*

669 Epigrammata Jonn. Oweni. *Amst. Elzevir*, 1647, *in*-16.

670 Eadem Epigrammata. *Lugduni*, 1668, *in*-16 *vol. f. filets.*

971 Philippi Galtheri Alexandreidos Libri decem. *Lugduni*, 1658, *in*-8. *rel. en velin.*

672 Marcelli Palingenii Zodiacus vitæ. *Parisiis*, 1560 *in*-32.

673 Silvii Epigrammata. *Hagæ comitum*, 1723, *in*-4. *v. f. filets.*

674 L. Sectani de totâ Græculorum hujus ætatis

litteraturâ sermones IV. *Hagæ comitum*, 1752, *in-8. v. f. filets.*

675 Hymni Sacri & novi, Autore Santolio. *Parisiis*, *Thierry*, 1680, *in-12. tr. dor.*

676 Jo. Commirii Carmina. *Parisiis*, 1753, 2 *vol. in-12. v. ec.*

677 Sarcotis Carmen, Autore Jac. Masenio, curâ & studio J. Dinouart. *Parisiis*, 1757, *in-12.*

678 Anti-Lucretius, sive de Deo & naturâ Libri novem, Cardinalis Melchioris de Polignac, opus posthumum. *Parisiis*, 1757, 2 *vol. in-12.*

679 L'Anti-Lucrece, Poëme sur la Religion naturelle, composé par M. le Cardinal de Polignac, traduit par M. de Bougainville. *Paris*, 1754, 2 *vol in-12.*

POETES FRANÇOIS,

Depuis François jusqu'à Malherbe.

680 Histoire de la Poësie Françoise avec une défense de la Poësie, par l'Abbé Massieu. *Paris*, 1739, *in-12.*

681 Réflexions sur la Poësie Françoise, par le P. du Cerceau. *Paris*, 1742, *in-12.*

682 Dictionnaire des Rimes, par P. Richelet. *Paris*, 1651, *in-8.*

683 Dictionnaire Poëtique Portatif. *Paris*, 1759. *in-8.*

684 Le Roman de la Rose (commencé par Guill. de Lorris, & achevé par Jean Clopinel, dit de Meun.) *in-fol. Goth. avec figures en bois.*

685 —— Le même, accompagné d'une Préface Histor. de notes & d'un Glossaire. (par M. Nic. Lenglet du Fresnoy.) *Paris*, 1735, 3 *vol. in-12.*

686 Les Oeuvres de Franc. Villon. *Paris Coustellier*, 1723, *in-8. v. f. tr. dor.*

687 Les Poësies de Coquillart. *Paris*, *Coustellier*, 1723, *in-8. v. f. tr. dor.*

688 Les Poësies de Martial de Paris, dit d'Auvergne. *Par. Coustell.* 1724, 2 *vol. in-8. v. f. tr. dor.*

689 Les Poësies de Guill. Cretin. *Paris Coustellier*, 1723, *in-8. v. f. tr. dor.*

690 La Farce de M. P. Pathelin avec son Testament à quatre Personnages. *Paris Coustellier*, 1723, *in-8. v. f. tr. dorée.*

691 La Legende de M. P. Faifeu mise en vers par C. Bourdigné. *Paris Coustellier*, 1723, *in-8. v. f. tr. dor.*

692 Les Oeuvres de Jean Marot. *Paris Coustellier*, 1723, *in-8. v. f. tr. dor.*

693 Les Oeuvres de Clement Marot. *La Haye*, 1700, 2 *vol. in-12. mar. rouge.*

694 —— Les mêmes, Oeuvres de Clement Marot avec les Ouvrages de J. Marot & ceux de Mich. Marot. *La Haye*, 1731, 6 *vol. in-12. mar. vert.*

695 Oeuvres Poëtiques de Melin de St. Gelais. *Paris*, 1719, *in-12. mar. bleu.*

696 Les Quatrains du Seigneur de Pybrac avec ceux du Président Faure. *Charenton*, 1674, *in-4. rel. en vel.*

697 Les premieres Oeuvres de Philippes Desportes. *Paris*, 1600, *in-8. v. f. tr. dor.*

698 Les Satyres & autres Oeuvres du Sr. Regnier.

Leyden. Elzevier, 1652, *in-12. mar. vert.*

699 —— Les mêmes, avec des remarques Histor. (de Cl. Brossette.) *Londres*, 1733, *in-4. g. p. mar. rouge.*

POETES FRANÇOIS,

depuis Malherbe jusqu'à présent.

700 Les Oeuvres de Franc. de Malherbe. *Paris*, 1659, *in-12 v. f. filets.*

701 Les Oeuvres de M. Honorat de Beuil, Chevalier Seigneur de Racan. *Paris*, *Coustellier*, 1724, 2 *vol. in-8. v. f. tr. dor.*

702 La Rome ridicule. 1643, *in-8. relié en velin.*

703 Les Chevilles de M. Adam, Menuisier de Nevers. *Paris*, 1644, *in-4. mar. citr.*

704 Le Pain Benit de l'Abbé de Marigny. 1673, *in-12. ec. tr. dor.*

705 Poësies de Lainez. *La Haye* [*Paris.*] 1753, *in-8. broché.*

706 Madrigaux de M. de la Sabliere. *Paris*, 1758, *in-12. pap. d'holl. v. m. filets.*

707 Oeuvres de Madame & Mlle. Deshoulieres. *Paris*, 1753, 2 *vol. in-12.*

708 Fables choisies, mises en vers par M. de la Fontaine, avec un nouv. Comm. par M. Coste. *Paris*, 1757, 2 *vol. in-12.*

709 Contes & Nouvelles en vers, avec les figur. de Romain de Hooge. *Amst.* 1685, *in-8. mar. rouge.*

710 —— Les mêmes. *Amst.* (*Paris*) 1745, 2 *vol. in-8. fig. v. tr. dor.*

711 —— Les mêmes, augmentés de Contes de divers Auteurs. *Amst.* 1755, *in-12.* 3 *vol. fig.*

712 Oeuvres diverses de M. de la Fontaine, avec les Fables. *Paris*, 1758, 8 *vol. in-12.*

713 Oeuvres de Nic. Boileau Despreaux, avec des éclaircissemens Histor. donnés par lui-même, nouvelle édit. enrichie de figures, gravées par B. Picart. *La Haye*, 1722, 4 *vol. in-12. mar. rouge.*

714 —— Les mêmes Oeuvres de Boileau avec des éclaircissemens Historiques, donnés par lui-même & redigés par M. Brossette & par M. de St. Marc. *Paris*, 1748, 5 *vol. in-8.*

715 Poësies variées de M. De Coulanges. *Paris*, 1753, 2 *vol. in-12.*

716 La Madelaine au desert de la Ste. Baume en Provence, Poëme Spirituel & Chrétien, par le P. Pierre de St. Louis. *Lyon*, 1700, *in-12.*

717 Voyage de Messieurs Bachaumont & la Chapelle. *Amst.* 1708, *in-12. mar. rouge.*

718 Oeuvres de Chapelle & de Bachaumont. *Paris*, 1755, *in-12.*

719 Les Oeuvres Poëtiques du P. le Moyne, enrichies de figures en taille-douce. *Paris*, 1672, *in-fol.*

720 Oeuvres d'Etienne Pavillon. *Amst.* [*Paris*] 1750, 2 *vol. in-12. pap. d'holl. m. rouge.*

721 Noei Borguignon de Gui Barozai. [par M. de la Monnoye.] Avec un glossaire Alphabétique pour l'intelligence des mots Bourguignons. *Ai Dioni*, 1720, *in-12. maroquin.*

722 Oeuvres & Poësies diverses de M. l'Abbé Chaulieu & de M. L. M. de la Farre. *Amst.* 1740, *in-8.*

723 —— Les mêmes ; Oeuvres de l'Abbé de Chaulieu. *Paris*, 1750, 2 *vol. in-12. m. roug.*

724 Oeuvres de Vergier. *Lauzanne* [*Paris*] 1752, 2 *vol. in-12.*

725 Fables nouvelles, par M. de la Motte, avec figures. *Paris*, 1719, *in-4. g. p. mar. rouge, dentelle.*

726 —— Les mêmes. *Amst.* 1727, 2 *vol. fig.*

727 Ode Anacreontiche e Pindariche del Signor de la Motte, trad. dal Franc. nella Toscana Poésia. *In Firenze*, 1741, *in-8. filets.*

728 Oeuvres diverses de J. B. Rousseau. *Amsterd.* 1726, 3 *vol. in-12. v. f. tr. dor.*

729 —— Les mêmes. *Amst. Changuion*, 1734, 3 *vol. in-12.*

730 —— Les mêmes, Nouv. édit. rev. & corr. *Bruxelles.* (*Paris*,) 1743, 3 *vol. in-4. g. p. v. f. tr. dor.*

731 Anti Rousseau par le Poëte Sansfard. (Franc. Gacon.) *Rotterd.* 1712, *in-12.*

732 Mémoires pour servir à l'Histoire de la Calotte. *Aux états Calotins*, 1752, 3 *vol. in-12. mar. rouge.*

733 Recueil de Poësies diverses (par le P. Ducerceau.) *Paris*, 1733, 2 *vol. in-12.*

734 —— Les mêmes Poësies. *Amst.* 1749, *in-12.*

735 Clovis Poëme. *Paris*, 1725, *in-8.*

736 Le Vice puni ou Cartouche, Poëme, (par Grandval.) *Paris*, 1726, *in-8.*

737 Oeuvres diverses de M. Roi. *Paris*, 1727, 2 *tom.* 1 *vol. in-8.*

738 Poëfies diverfes de M. de Grecour. *Laufanne & Genève*, 1755, 2 *vol. in*-12.

739 Le Théâtre de l'Univers, Poëme. *Amfterd.* [*Paris*,] 1746, *in*-8. *filets.*

740 La Henriade de M. de Voltaire, avec figur. en taille-douce. *Londres*, 1728, *in*-4. *g. p. v. f. filets.*

741 —— La même, augmentée de la Henriade Traveftie. *Amft.* 1759, 2 *vol. in*-12. *figur.*

742 La Henriette Traveftie en vers Burlefques, [par Monbron.] ... Parallele de la Henriade & du Lutrin ... Le Préfervatif ou Critique des obfervations fur les écrits modernes ... La Voltairomanie ou lettre d'un jeune Avocat en forme de Mémoire, en réponfe au Libelle du Sr. de Voltaire; intitulé le Préfervatif, &c. ... *in*-12.

743 Oeuvres diverfes de M. L. F***. [le Franc.] troifieme édit. ornée de figur. en taille-douce. *Paris*, 1753, 4 *vol. in*-12.

744 Oeuvres de M. Greffet. *Londres*, [*Paris*,] 1758, 2 *vol. in*-12.

745 Della Religione Poema del Signor Racine, trad. dal Franc. in verfi Tofcani Sciolti dall Abate Filippo. *In Avignone*, 1748, *in*-8. *v. f. filets.*

746 Recueil de Poëfies Françoifes, *in*-4. *Mf.*

747 Recueil des plus belles pieces des Poëtes François, depuis Villon jufqu'à Benferade. *Paris*, 1752, 6 *vol. in*-12. *pap. d'holl. lav. reglé, maroquin.*

748 Nouveau Recueil des Epigrammatiftes François, anciens & modernes. *Amft.* 1720, 2 *v. in*-12. *v. f. tr. dorée.*

749 Recueil de Poësies Galantes... Pieces recueillies de M. de Voltaire & Piron, 1744... Imitation de l'art d'aimer & du reméde d'amour d'Ovide, suivant les mœurs de ce siecle, en vers François... Heroïde : Armide à Renaud, par M. Colardeau. *Paris*, 1758, *in*-8. *filets.*

750 Recueil histor. de Chansons, Vaud. Epigr. Pasquinades, qui ont paru, qui paroissent, & qui paroîtront. Le portrait des Graces.... La Procopade ou l'Apothéose du Docteur Procope. Le Bourdon, la Nape & la Bourse, Conte allégorique.... Le Chien pêcheur, ou le Barbet des Cordeliers d'Etampes, Poëme héroï-comique en lat. & en franç.... La Maltote des Cuisinieres, ou la maniere de bien ferrer la mule. *in*-12. *filets.*

751 La Quatri Jovialmanie.... Le Porte-feuille Poëme. *in*-12. *filets.*

752 Les dégoûts du Théâtre, Epitre... Satyre à M. le Marquis D. (Duroulet,) (par Robbé.) Requête & remerciemens d'un Poëte à portion congrue.... Le Voyage d'Aniers.... Le souper poëtique... Conseils donnés à une jeune Demoiselle pour le jour de sa fête, par Panard. *in*-8.

753 Nouveau Recueil de Chansons choisies, notées. *La Haye*, 1743, 8 *vol. in*-12.

754 Recueil d'Airs, de Contredanses, Menuets & Vaudevilles notés. *Paris*, 10 *vol. in*-8.

Poëtes Drammatiques François.

755 La pratique du Théâtre, par l'Abbé d'Aubignac,

bignac. *Amst.* 1715, 2 *vol. in*-8. *G. P. mar. rouge*

756 Histoire du Théâtre franç. depuis son origine. jusqu'à présent, (par Mrs. Parfait.) *Amst.* 1735, 15. *vol. in*-12.

757 Réflexions historiques & crit. sur les différens Théatres de l'Europe avec ses pensées sur la Déclamation, par Louis Riccoboni. *Paris*, 1737, *in*-8.

758 —— Les mêmes. *Amst.* 1740, *in*-12. *v. f. filets.*

759 De la réformation du Théatre, par le même, 1743, *in*-12. *v. f. filets.*

760 L'Art du Théatre, par Franç. Riccoboni, *Paris*, 1750, *in*-8. *filets.*

761 Observations sur la Comédie & sur le génie de Moliere, par Louis Riccoboni. *Paris*, 1736, *in* 12.

762 Dell, Arte representativa, Capitoli sei di Riccoboni. *Londra*, 1728, *in*-8.

763 Histoire du Théatre Italien, depuis la décadence de la Comédie Latine, & une dissertation sur la Tragédie moderne, par Louis Riccoboni, 2 *vol. in*-8. G. P. *v. f. tr. dor.*

764 Bibliotheque des Théatres. *Paris*, 1733, *in*-8.

765 Recherches sur les Théatres de France, par M. de Beauchamps. *Paris*, 1735, 3 *vol. in*-8.

766 Le Comédien, par M. Remond de Sainte-Albine. *Paris*, 1749, *in*-8.

767 Essai sur la Comédie moderne, par M. L. J. D. B. *Paris*, 1752, *in*-12. *br.*

768 Lettre de M. Dalembert à M. J. J. Rousseau, sur l'article Genêve, tirée du 7e. Volume de l'Encyclopédie. *Amst.* [*Paris*]. 1759, *in*-8. *br.*

769 J. J. Rousseau citoyen de Genève à M. Dalembert sur son article de Genève, dans le 7e. Vol. de l'Encyclopedie, & particulierement sur le projet d'établir un Théatre de Comédie en cette ville. *Amst.* 1758, *in-8. broché.*

770 L. H. Dancourt Arlequin de Berlin à M J. J. Rousseau citoyen de Genève. *Amst.* 1759, *in-8. broché.*

771 Considérations sur l'Art du Théatre à M. J. J. Rousseau de Genève. *Genève* (*Paris*). 1759. *in-8.* ... Lettre à M. Rousseau sur l'effet moral des Théatres. 1758, *in-8. broché.*

772 Les Comédies facétieuses de P. de l'Arivey. *Rouen*, *in-12. rel. en velin.*

773 Les Tragédies de Robert Garnier. *Rouen*, 1609, *in-12. rel. en velin.*

774 Œuvres de P. & T. Corneille. *Paris*, 1758, 19 *v. in-12.*

775 Les Chef-d'œuvres de P. & Th. Corneille. *Oxfort*, 1758, 2 *vol. in-12.*

776 Œuvres de J. B. Poquelin de Moliere, avec des figures en taille-douce. *Amst.* 1750. 4 *vol. in-12. mar. rouge.*

777 Le Théatre de Quinault. *Amst. De Coup.* 1715, 2 *vol. in-12. figures.*

778 Œuvres de Racine. *Amst.* 1622, 2 *vol. in-12. mar. rouge.*

779 —— Les mêmes avec de très-belles figures en taille-douce. *Amst.* 1750, 3 *vol. in-12*, *mar. rouge.*

780 Œuvres de M. de Champmeslé. *Paris*, 1735, 2 *vol. in-12.*

781 Théatre de Boursault. *Paris*, 1746, 3 *vol. in-12.*

782 Les Œuvres de Regnard. *La Haye*, 1729, 2 *vol. in*-12.

783 Les mêmes. *Paris*, 1747, 2 *vol. in*-12.

784 Le Théatre de la Fosse. *Amst.* 1703, *in*-12 *mar. rouge.*

785 Les Œuvres du même. *Paris*, 1747, 2 *vol. in*-12.

786 Le Théatre de Baron. *Paris*, 1759 3 *vol. in*-12.

787 Les Oeuvres de Poisson. *Paris*, 1743, 2 *vol. in*-12.

788 Oeuvres de la Grange, Chancel. *Paris*, 1758 5 *vol. in*-12.

789 Oeuvres Dramatiques de Nericault, Destouches. *Paris*, *de l'Imprimerie Royale*, 1757, 4 *vol. in*-4.

790 —— Les mêmes. *Paris*, 1759, 10 *vol. in*-12.

791 Recueil de pieces mises au Théatre François, par M. le Sage. *Paris*, 1739, 2 *vol. in*-12.

792 Oeuvres de Théatre de M. de la Chaussée. *Paris*, 1752, 3 *vol. in*-12.

793 Théatre de M. Fagan. *Paris*, 1760, 4 *vol. in*-12.

794 Oeuvres de Théatre de M. de Boissi. *Paris*, 1758, 9 *vol. in*-8.

795 Oeuvres de M. de Crébillon, de l'Acad. Franç. *Paris*, *de l'Imprimerie Royale*, 1750, 2 *vol. in*-4. *ec. tr. dor.*

796 —— Les mêmes. *Paris*, 1754, 3 *vol. in*-12.

797 Oeuvres choisies de M. de Voltaire. *Genêve*, 1756, 5 *vol. in*-12.

798 Oeuvres de Théatre de M. de Sainte-Foix. *Paris*, 1748, 2 *vol. in*-12.

799 Oeuvres d'Alexis Piron, avec figures en taille-

douce d'après les desseins de M. Cochin. *Paris*, 1758, 3 *vol. in*-12.

800 La Femme Docteur, Comédie. *Avignon*, *in*-12. *mar. rouge.*

801 La banqueroute des Marchands. Comédie. *Bruxelles*, *in*-12. *mar. rouge.*

802 Les Visionnaires, Comédie, par J. Desmarets. *in*-12. *v. f. filets.*

803 La Faculté vengée, Comédie en trois Actes, par M*** [Honfroi de la Mettrie]. *Paris*, 1747, *in*-8. *br.*

804 Le Fils naturel, ou les épreuves de la vertu, Comédie en cinq Actes & en prose, avec l'Hist. véritable de la piece [par M. Diderot] *Amst.* (*Paris*). 1754, *in*-8. *v. m. filets.*

805 Le Pere de famille, Comédie en cinq Actes & en prose avec un discours sur la poësie Dramatique [par le même]. *Amst. Paris*, 1758, *in*-8.

806 Nouveau Théatre François composé des meilleures pieces. *Utrech*, 1748, 12 *vol. in*-12. *écail. filets.*

807 Nouveau Théatre François, ou recueil des plus nouvelles pieces représentées au Théatre François depuis quelques années. *Paris*, 1740, 8 *vol. in*-8.

808 Recueil général des Opera représentés par l'Académie Royale de musique depuis son établissement. *Paris*, 1703, 15 *vol. in*-12.

809 Oeuvres de M. Vadé, ou Recueil des Opera comiques, parodies & pieces fugitives de cet Auteur. *Paris*, 1758, 4 *vol. in*-12.

810 Le Théatre Italien, de Gherardi. *Londres*, 1714, 8 *vol. in*-12. *fig.*

POETES ITALIENS.

Poëtes Epiques, Héroiques & Comiques.

811 Le Terze Rime di Dante alighieri con commenti e la vita compuesta per Messire Giov. Boccacio. Stampate nel carratteri gothici. *in-fol. mar. rouge dent. Alla fine se legano questi versi.*

Finita e l' opra del' inclito e divo	Per cui il texto a noi intellectivo
Dante alleghieri Fiorentin Poeta	Christofal Berardi Pisaurense detti
Lacui anima Sancta Alberga lieta	Opera e facto indegno correctore
Nel ciel seren ove sempre il sia vivo	Per quanto intese di quella i subjetti
Dimmola benveunto mai fia privo	De spiera vendelin fu il Stampatore
D'. eterna fama che sua mansueta	Del mille quatro cento e Settantasetti
Lyra opero comentando il Poeta.	Correvan gli anni del nostro Signore.

812 Le medesime. *Venetiis, Aldus*, 1502, *in-12. mar. rouge.*

813 Le medesime con lespositione di Bern. Daniello da Lucca. *In Venezia*, 1568, *in-4. mar. rouge.*

814 Le medesime ridotte a miglior lezione dagli Academici della Crusca. *In Napoli*, 1716. *in-8.*

815 Opere del medesimo Dante con varie annotazioni. *In Venezia, Zatta*, 1757, 5 *vol. in-4. G. P. figures. maroquin rouge.*

816 Orlando furioso di Lud. Ariosto. *In Venetia, Gioli*, 1544, *in-4. ec. tr. dor.*

817 Il medesimo con gli argomenti di Lod. Dolce e le annotazioni di Th. Porcarchi. *In Venetia, Guerra*, 1750, *in-4.*

818 Il medesimo con le annotationi di Ruscelli con figure. *In Venetia*, 1580, *in-4. tr. dor. lav. regl.*

819 Il medesimo. *In Venetia*, 1582. 4 *vol. in-24.*

820 Il medesimo, con nuovi argomenti di Lodovico Dolce e le annotationi di Tom. Porcacchi. *In Venetia*, 1626, *in-4.*

821 Il medesimo riveduto dall abbate Antonini. *Parigi*, *Prault*, 1744, 4 *vol. in-12. Papier d'Hollande*, *lav. réglé*, *maroquin*, *dentelle.*

822 Roland furieux, Poëme héroïque de l'Arioste, traduction nouvelle, par M***. (de Mirabeau) *Paris*, 1758, 4 *vol. in-12.*

823 La Gerusalemme liberata di Torquato Tasso figurata da Bern. Castello con le annotationi di Scipion Gentili e di Giulio Guastivini. *In Genova*, 1617, *in-fol. v. m. tr. dor.*

824 La medesima, con le annotazioni di Gentili e di Guastivini. *Con figure*, *Urbino*, 1734, *in-fol. filets.*

825 La medesima riveduta dal Abbate Antonini. *Parigi*, *Prault*, 1744, 2 *vol. in-12. pap. d'Hol. lav. rég. mar. dent.*

826 La medesima, con le figure di Giambastista Piazzetta. *In Venezia*, *Albrizzi*, 1745, *in-fol. G. P. mar. rouge dent.*

827 El Gofredo del Tasso canta alla Barcariola dal dottor Tom. Mondini. *In Venezia*, 1746, 2 *vol. in-12. v. m. tr. dor.*

828 L'Italia liberata da Goti, di Gian Giorgio Trissino riveduta e corretta d'all Abbate Antonini. *Parigi*, 1729, 3 *vol. in-8. filets.*

829 Il Morgante maggiore di Pulci. *In Firenze*, 1732, *in-4. G. P. br. en carton.*

830 La Bella mano di Giusto de Conti con una raccolta di rime dantichi Toscani. *In Verona*, *Tu-*

mermani, 1750, *in-8. ec. tr. dorée.*

831 Ladone poema del Cavalier Marino con gli argomenti del Conte Sanvitale e lallegorie di Don Lorenzo Scoto. *In Amst.* 1651, 2 *vol. in-*18.

832 Il medesimo, con gli argomenti del conte Fortuniano Sanvitale; e lallegorie di Lorenso Scoto, e le figure di Sebast. le Clerc. *Amst. Elzevir.* 1678, 4 *vol. in-*32. *mar. cit.*

833 Il medesimo. *In Amsterd.* 1680, 2 *vol. in-*12. *v. f. tr. dor.*

834 La Strage de gl'innocenti del Cav. Marino. *In Venetia in-*12. *v. m. tr. dor.*

835 Il Vendemiatore del Sign. Luigi Tansillo. *in-*12. *ec. tr. dor.*

836 Il Malmantile racquistato di Perlone Zipoli colle note di Puccio lamoni, del Abbate Anton. Maria Salvini e del dottore Biscioni. *In Firenze*, 1750, 2 *vol. in-*4. *v. tr. dor.*

837 La Sechia rapita poema heroi-comico di Tassoni colle Dichiarazioni di Salvini e le annotazioni di Barotti. *In Modena*, 1744, *in-*4. *con figure.*

838 —— La medezima. *In Modena*, 1744, *in-*8. *v. f. tr. dor.*

839 Le Sceau enlevé, Poëme heroï-comique du Tassoni, avec l'Italien à côté. *Paris*, 1678, 2 *vol. in-*12.

840 L'Adamo o vero il mondo creato, Poema filosophico del Campailla. *In Roma*, 1737, *in-fol. ec. tr. dor.*

841 Ricciardeto di Nicolo Carteromaco. *In Parigi.* (*Venezia*) *Pitteri*, 1738, 2 *vol. in-*4. *G. P. mar.*

842 Il medesimo. *In Parigi.* (*Vinezia*) 1738, 2 *vol. in*-8.

843 Grillo, canti dieci d'Esnante Vignajuolo. *In Venetia Bettanino*, 1738, *in*-8. *ec, tr. dor.*

844 La moda poëmetto di Guerino Roberti. *In Venetia Fenzo*, 1746, *in*-4. *v. f. tr. dor.*

845 L'Iride è l'Aurora Boreale descritta in Verso Italiano dal P. C. Nocetti è tradotte in Verso Toscano dal Padre Ant. Ambrohi. *In Firenze*, 1755, *in*-8.

846 Il Cicerone Poëma di Passeroni. *In Venezia*, 1756, 2 *vol. in*-8. *ec. tr. dor.*

Poëtes Lyriques Italiens.

847 Petrarca, con commenti di fr. Philelpho è d'Ant. da Tempo. *In Venezia*, 1522, *in*-8. *mar. rouge.*

848 Il medesimo con lespositione di Gesvaldo. *In Venezia*, *Giolito*, 1553, *in*-8. *v.m. tr. dorée*

849 Il medesimo con nuove spositioni. *In Lyone*, *Gul. Rouillio*, 1574, *in*-16.

850 Le Rime di M. Petrarca estratte da un suo originale... Il trattato delle virtu morali di Roberto con quatro Canzoni di Bindo Bonichi. *In Roma*, 1642, *in-f. ec. tr. dor.*

851 Le medesime brevemente esposte per Lodov. Castelvetro. *In Venezia Zatta*, 1756, 2 *vol. in*-4. *G. P. mar.*

852 I. Sonetti le Canzoni è i trionfi di M. Laura in risposta di M. Franc. Petrarca. *In Venezia*, 1740, *in*-8. *tr. dor.*

853 Rime di Lodovico Ariosto. *In Vinegia*, 1554, *in*-8. *br. en carton.*

854 Delle Satyre è Rime del divino Ludovico Ariosto Libri II. con le annotazioni di Paolo Rolli. *Amburgo*, 1732, *in*-8.

855 Opere Burlesche di Franc. Berni. *Londra*, 1721, 2 *vol. in*8. *v. f. tr. dor.*

856 Delle Poësie volgari è latine di Francesco Maria Molzo colla vita dell autore scritta da Pierantonio Serassi. *In Bergamo*, 1747. 3 *vol. in*-8. *v filets.*

857 Sonetti del Burchiello del Bellincioni è dal-tri poëti fiorentini alla Burchiellesca. *In Londra*, 1757, *in*-8. *v. f. tr. dor.*

858 Lezioni sopra il Burchiello di Gio. Ant. Papini. *In Firenze*, 1733, *in*-4.

859 Il primo è secondo Libro delle Satyre alla carlona di messer Andrea da Bergamo. *In Venegia*, 1548, *in*-8. *v. f. tr. dor.*

860 Rime di P. Bembo saggiungono le Poësie lat. è la vita dell Autore descritta da Tom. Porcacchi. *In Bergamo*, 1745, *in*-8.

861 Gli Asolani di P. Bembo. *In Venetia*, 1546, *in*-8: *rel. en vel.*

862 Delle Opere di Gab. Chiabrera. *In Venezia*, 1757, 5 *vol. in*-12. *v. f. tr. dor.*

863 Tutti i Trionfi carri Mascherate, o canti carnascialeschi. *In Cosmopoli*, 1750, 2 *vol. in*-8°. *ec. tr. dor.*

864 L'elegantissime stanze di Poliziano. *In Padova*, 1751, *in*-8. *ec. filets.*

865 La Sampogna del Cav. Marino. *In Venetia*, 1664, *in*-12.

866 La lira Rime del Cav. Marino. *In Venetia* 1614, *in*-12.

867 La Murtoleide fischiate del Cav. Marino con la Marineide risate del Murtola. *Francofurti*, 1626, *in*-12. *v. f. tr. dor.*

868 La medesima. *In Spira*, 1629, *in*-12.

869 Dicerie sacre del Cav. Marino. *In Venetia*, 1628, *in*-12. *rel. en velin.*

870 Opere di Guarini con figure. *In Verona*, 1737, 4 *vol. in*-4. *ec. tr. dor.*

871 Brindisi di Ciclopidi Ant. Malatesti, *in*-12. *v. m. tr. dor.*

872 Mescolanze d'Egidio Menagio. *In Roterdamo*, 1692, *in*-8. *v. m. tr. dor.*

873 I Vini Modanesi baccanale, *in*-4.

874 Sonetti del Signor Francesco Redi Aretino. *In Firense Brigonci*, 1702, *in-fol- G. P. mar. bleu.*

875 Le medesime. *In Firenze*, 1703, *in*-12. *ec. tr. dor.*

876 Rime di Paolo Rolli. *Londra*, 1717, *in*-8. *G. P. v. m. tr. dor.*

877 Le medesime. *In Venezia*, 1744, *in*-12. *ec. tr. dor.*

878 Fiore di virtu ridotto alla sua vera lezione. *In Roma*, 1640, *in*-4.

879 Poësie di Giampetro Cavazzoni Zanotti. *In Bologna*, 1741, 3 *vol. in*-8. *filets.*

880 Delle Opere del Signor Pallavicini. *In Venezia Pasquali*, 1744, 4 *vol. in*-8. *v. tr. dor.*

881 Poesie di Francesco Lorenzini. *In Napoli*, 1746, *in*-8. *v. m. tr. dor.*

882 Rime dell Abate Francesco Puricelli. *In Milano*, 1750, *in*-4. *v. f. tr. dorée.*

883 Satire del Cavalier Dotti. *Ginevra* [*Parigi,*] 1757, 2 *vol. in*-12. *v. m. filets.*

884 Rime di Gaſparo Gozzi. *In Venezia*, 1758, 2 v. *in*-8. *ec. tr. dor.*

885 Verſi Sciolti di tre eccellenti moderni Autori con alcune lettere non piu ſtempate. *In Venezia*, 1758, *in*-4. *ec. filets.*

886 Raccolta di Rime Italiane. *In Parigi Prauh*, 1734, 2 *vol. in*-12. *v. f. tr. dor.*

887 Scelta di Sonetti è Canzoni de piu eccellenti Rimatori dogni ſecolo. *In Venezia*, 1739, 5 *v. in*-12. *v. f. tr. dor.*

Poëtes Dramatiques Italiens.

888 Tragedie traſportate dalla Greca nell Italiana favella da Criſt. Guidiccioni. *In Luca*, 1747, *in*-4. *br. en cart.*

889 La Goſtanza Comedia di Girolamo Razzi. *In Firenze*, 1565, *in*-8.

890 Le Rivolte di Parnaſo, Comedia di Scipione Herrico. *In Venetia*, 1627, *in*-12. *br. en cart.*

891 La Philis de Sciro, du Comte Bonarelli trad. en Franç. avec la diſſertation du même Auteur ſur le double amour de Celie. *Bruxelles*, 1707, *in*-12. *v. f. filets.*

892 Il Paſtor Fido Trag i-Comedia Paſtorale del Signor Cavalier Batti ſta Guarini con una nuova aggiunta. *Amſt. in*-18. *con figure.*

893 Il medeſimo. *In Leyden Elzevir*, 1659, *in*-12. *con figure.*

894 Il medeſimo. *In Cambrigi*, 1734, *in*-4. *v. f. tr. dorée*

895 Il medeſimo. *In Venezia*, 1750, *in*-12 *ec. tr. dor.*

896 Aminta Favola Boſcareccia di Torquato Taſſo, con figure di Sebaſt. le Clerc. *Amſt. Elzevir*, 1678, *in-32.*

897 La medeſima riveduta dall abbatte Antonini. *Parigi Prault*, 1745, *in-12. pap. d'holl. lav. reglé, mar. dentelle.*

898 Poëſie Drammatiche di Apoſtolo Zeno. *Venezia Paſquali*, 1744, 10 *vol. in-8. ec. tr. dor.*

899 Poëſie del Signor Abate P. Metaſtaſio. *Parigi*, 1755, 9 *vol. in-8. pap. d'holl. br.*

900 Tragédies Opera de l'Abbé Metaſtaſio, trad. en Franç. par M. ***. (*Richer*) *Vienne* [*Paris*,] 1751, 10 *vol. in-12.*

901 Theatro Italiano o ſia ſcelta di Tragedie per uſo della ſcena. Premeſſa un iſtoria del Teatro e difeſa di eſſo. *In Venezia*, 1746, 3 *vol. in-8. v. tr. dorée.*

902 Comedie di Gio: Batiſta Fagiuoli. *In Venezia Geremia*, 1753, 7 *vol. in-12. v. tr. dor.*

903 Rutzvanſcad il giovine arciſopra tragichiſſima Tragedia da Cattuſio Panchianio. *In Venezia*, 1737, *in-4. con figure, ec. tr. dor.*

904 Antillida favola paſtorale di Ben. Gior. Bravi. *In Venezia*, 1744, *in-8. ec. tr. dor.*

905 La Merope Tragedia del Signor Marcheſe Scipione Maffei. *In Venezia*, 1747, *in-4. ec. tr. dor.*

906 Il Miſantropo a caſo Maritato o ſia lorgoglio punito Comedia. *In Bologna*, 1748, *in-8. v. m. tr. dor.*

907 Demetrio Tragedia. *In Padova*, 1749, *in-8. v. m. tr. dor.*

908 Il Tamburo parafraſi in verſi ſciolti della

Comedia, trad. in prosa dal Signor Destouches dall originale Inglese di M. Addisson. *In Firenze*, 1750, *in-8. tr. dor.*

909 Affetta Comedia Rusticale di Bart. Mariscalco. *Parigi*, 1756, *in-8. pap. d'holl. v. f. tr. dor.*

910 La Medezima sopra carta turchina. 1756, *in-8. v. f. tr. dor.*

Poëtes Anglois & Espagnols.

911 The poëtical Works of john Milton containing Paradise lost and Paradise regaind and his poems on several occasions. *Dublin*, 1748, 2 *vol in-12 v. f. tr. dor.*

912 Il Paradiso perduto Poëma inglese di Milton tradotto in verso sciolto dal paolo Rolli con le annotazioni di Addisson. *In Parigi*, 1742, *in-fol. mar. rouge.*

913 Oeuvres diverses de Pope trad. de l'Ang. avec fig. en taille-douce. *Amst.* 1758, 7 *vol. in-12. tr. dor.*

914 Les principes de la morale & du goût en deux Poëmes trad. de l'Anglois de Pope, par l'Abbé Duresnel. *Paris*, 1737, *in-8.*

915 Le Poëme de Pope intitulé Essai sur l'homme convaincu d'impiété. *La Haye*, 1746, *in-12.*

916 Leonidas, Poëme trad. de l'Anglois. *Geneve*, 1738, *in-12.*

917 The British stage Being a collection of the best modern Englisch acting Plays. *London* 1741, 6 *vol. in-12 v. m. tr. dor.*

918 Choix de petites piéces du Théâtre Angl. trad. des originaux. *Londres*, (*Paris*,) 1756, 2 *vol. in-12.*

919 Lettre sur le Théâtre Anglois avec une traduction de l'Avare, Comédie de Shadwel, &

de la Femme de Campagne, Comédie de Wicherley. (*Paris*, 1752, 2 *vol. in*-12.

920 La Lusiade du Camoens, Poëme héroïque, trad. du Portugais par Duperron de Castera. *Paris*, 1735, 3 *vol. in*-12.

921 Extraits de plusieurs piéces du Théâtre Espagnol avec des réflexions & la traduction des endroits les plus remarquables, par le même. *Paris*, 1738, *in*-12.

MYTHOLOGIE.

922 L'Histoire poëtique pour l'intelligence des Poëtes & des Auteurs anciens, par le P. Gautuche. *Caen*, 1665, *in*-16. *rel. en vel.*

923 Nouvelle Histoire poëtique & deux Traités abrégés, l'un de la Poësie, l'autre de l'Eloquence, par Hardion. *Paris*, 1751, 3 *vol. in*-12.

924 Le Temple des Muses orné de LX. Tableaux où sont représentés les événemens les plus remarquables de l'antiquité fabuleuse, dessinés & gravés par B. Picart, & accompagnés d'explications & de remarques. *Amst.* 1749, *in-fol. tr. dor.*

925 Mythologie ou Recueil des Fables grecques, ésopiques & sybaritiques. *Orléans*, 1750, 2 *vol. in*-12.

926 La Mythologie ou les Fables expliquées par l'Histoire, par M. l'Abbé Banier. *Paris*, 1738, 8 *vol. in*-12.

927 Dictionnaire Mytho-Hermetique dans lequel on trouve les allégories fabuleuses des Poëtes, les métaphores, les Enigmes & les termes barbares des Philosophes Hermétiques expliqués par

Dom. Ant. Pernety. *Paris*, 1758, *in*-8.

928 Diction. abrégé de la Fable, par Chompré. *Paris*, 1757, *in*-12.

FACETIES.

929 La plaiſante & joyeuſe Hiſtoire du grand Géant Gargantua. *Valence*, 1547, *in*-18. *v. m. filets.*

930 Les Œuvres de Franç. Rabelais, avec l'explication de tous les mots difficiles. (*Holl.*) 1663, 2 *vol. in*-12. *mar. roug.*

931 Les mêmes. *Paris*, 1732, 6 *vol. in*-8.

932 Les mêmes avec des remarques hiſt. & crit. de M. le Duchat, nouv. édit. ornée de fig. de B. Picart. *Amſt.* 1741, 2 *vol. in*-4. *v. f. tr. dor.*

933 Oeuvres choiſies de M. Franç. Rabelais. *Genêve*, (*Paris*,) 1752, 3 *vol. in*-12.

934 Les nouvelles recréations & joyeux dévis de Bonaventure Deſperiers. *Paris*, *in*-16. *v. f. tr. dorée.*

935 Carcer d'amore tradotto dal meſſer Lelio de Manfredi de idioma ſpagnolo in lingua materna, hiſtoriato e corretto. *In Venegia*, 1537, *in*-8. *con figure.*

936 Le piacevoli notti di Gio. Franc. Straparola. *In Venetia*, 1563, *in*-8. *mar. rouge*

937 Les facétieuſes nuits du Seigneur Straparole. 1726, 2 *vol.* in-12. *mar. rouge.*

938 Opus Merlini Cocaii Poëtæ Mantuani Macaronicorum. *Venetiis*, 1581, *in*-12.

939 Hiſtoire maccaronique de Merlin Coccaie, Prototype de Rabelais. *Paris*, 1706, 2 *vol. in*-12. *mar. vert.*

940 Oeuvres de Verville, *** 100070057. 2 vol. *in-12. v. m. tr. dorée.*

941 Le piacevoli è ridicoloſe facetie di Poncino. *In Cremona*, 1581, *in-8. v. f. tr. dor.*

942 Il cimiterio epitafii Giocoſi di Gio, Franc Loredano è di Piet. Michiele. 1545, *in-12. vélin.*

943 Les Bigarrures & Touches du Seigneur des Accords, avec les apophtegmes du ſieur Gaulard & les eſcraignes dijonnoiſes. *Paris*, 1608, 2 *vol. in-12. mar. rouge.*

944 Recueil général des œuvres & fantaſies de Tabarin. *Rouën*, 1634, *in-12. mar. rouge.*

945 Le facétieux matin des eſprits mélancoliques, ou Reméde préſervatif contre les triſtes. *Rouen*, 1668 *in-12. mar. roug.*

946 Nugæ venales, ſive Theſaurus ridendi & jocandi. *Londini*, 1741, *in-12. v. tr. dor.*

947 Réflexions ſur les grands hommes qui ſont morts en plaiſantant, avec des Poëſies diverſes, par M. D. *** *Rochefort*, 1755, *in-12. v. tr. dorée.*

948 Le Diable confondu, ou le ſot Aſtarot. *La Haye*, 1740, *in-12.*

949 Hiſtoire ſécrete du Prince Croquetron & de la Princeſſe Foïrette. *Gringuenaude*, *in-12. mar. rouge.*

950 Les Etrennes de la Saint Jean. *Troyes*, (*Par.*) 1757, *in-12. mar. rouge.*

951 Les Ecoſſeuſes, ou les Oeufs de Pâques. *Troyes*, 1739, *in-12. mar rouge.*

952 Les mêmes, *Troyes*, (*Paris*,) 1745, *in-12. ec. tr. dor.*

953 Mémoires de l'Académie des Colporteurs. (*Paris*,) 1748, 2 *vol. in-12. tr. dor.* 953

954 Hiſtoires nouvelles & Mémoires ramaſſés. *Londres*, (*Paris*,) 1745, *in*-12.

955 Recueil de ces Meſſieurs. *Amſt.* (*Paris*,) 1745, *in*-12.

956 The indiſcreet Toys tranſlated from the congeſe language. *Tobago*, 1749, 2 *vol. in*-12.

Contes & Nouvelles.

957 Il Decameron di meſſer Giovan Boccaccio. 1527, *in*-4. *G. P. mar. rouge.*

958 Il Medeſimo. *In Amſterdamo*, (*Elzevir*,) 1665, 2 *vol. in*-12. *mar.*

959 Contes & Nouvelles de Bocace, traduction libre, enrichie de figures en taille-douce, gravées par Romain de Hooge. *Cologne*, 1702, 2 *vol. in*-8. *v. f. filets.*

960 Les mêmes. *Londres*, (*Paris*,) 1744, 2 *vol. in*-12.

961 Les cent Nouvelles avec les figures deſſinées par Romain de Hooge, & gravées par B. Picart. *Cologne*, 1736, 2 *vol. in*-8. *mar. rouge.*

962 Les mêmes. *Londres*, (*Paris*,) 1744, 2 *vol. in*-12

963 Contes de Marg. de Valois, Reine de Navarre. *Londres*, (*Paris*,) 1744, 2 *vol in*-12.

964 Le Novelle del Bandello. *In Londra Harding*, 1740, 6 *vol. in*-4. *G. P. mar. rouge.*

965 La prima è la ſeconda cena novelle di anton. Franceſco Grazzini detto il Laſca. *In Londra*, *Nourſe*, 1756, *in*-4. *G. P. mar. rouge.*

966 Les Contes & Diſcours d'Eutrapel, par le Seigneur de la Heriſſaye. *Rennes*, 1585, *in*-8.

967 Les mêmes. 1732, 3 *vol. in-12. maroquin rouge.*

968 Novelle amorose di Franc. Loredano. *In Venetia*, 1685, *in-12. v. f. tr. dor.*

969 Histoires ou Contes du temps passé, avec des moralités, par Perrault. *La Haye*, (*Paris*,) 1742, *in-12.*

970 Delle novelle di Franco Sacchetti. *In Firenze*, 1724, 2 *vol. in-8. v. tr. dor.*

971 Les Contes des Fées, par Mde. D. *** (Daunoy,) *Paris*, 1757, 4 *vol. in-12.*

972 Les mille & une nuit, Contes Arabes, trad. en François, par M. Galland. *Paris*, 1745, 6 *vol. in 12.*

973 Histoire japonoise. *Pekin*, 1758, 2 *vol. in-12. figures.*

974 Le Sopha, Conte moral, par M. de Crebillon, le fils. *Pekin*, 1749, 2 *vol. in-12. fig.*

975 Novella d'Accagio è di Zirfile trad. dal franc. *In Minuzia*, 1744, *in-12. filets.*

976 Angola Histoire Indienne, (par M. le Chevalier de la Morliere.) *A Agra*, 1751, 2 *vol. in-12. figures.*

977 La Princesse Camion, Conte des Fées. *In-12. br. sans titre.*

978 Les Veillées de Thessalie, par Mlle. de Lussan. *Paris*, 1741, 4 *vol. in-12.*

979 Les mille & une heure, Contes Péruviens. *Paris*. 1759, 2 *vol. in-12.*

Romans traduits du Grec.

980 Amours de Théagenes & Chariclée. *Londres*,

(*Paris* ,) 1743. 2 *vol.* *in*-8. *figures* , *v. m.* *tr. dor.*

981 Les amours d'Ismene & d'Ismenias, (par Fr. Godard de Beauchamps.) *La Haye* , (*Paris* ,) 1743, *in* 12, *figures* , *v. tr. d'or.*

982 Di Senefonte de gli amori di Abrocome è d'anzia Libri cinque trad. dal Græco da Anton. Maria Salvini. *In Londra*, 1757, *in*-12 *v. f. tr. dor.*

983 Les amours de Calisthene & d'Aristoclie, histoire grecque. *La Haye*, 1753, *in*-12. *ec. tr. dorée.*

984 Amours d'Alzidor & de Charisée, trad. du Grec. *Amst.* 1751, *in*-12. *ec. tr. dor.*

Romans.

985 Les Avantures de Telemaque, par Messire François de Salignac de la Motte Fenelon. *Paris*, 1749, 2 *vol in*-12. *figures.*

986 Les mêmes avec des remarques. *Londres*, 2 1757, 2 *vol. in*-12. *figures*, *mar. rouge.*

987 Le Avventure di Telemaco trad. dall. Franc. Nell Italiano. *In Venezia*, 1708, *in*-8. *rel. en velin.*

988 Le Medesime. *In Venezia*, *Pasquali*, 1756, *in*-8. *v. f. tr. dor.*

989 Il Telemaco in ottava rima trad. dal Francese da Scarselli. *In Roma*, 1547, 2 *vol. in*-4. *v. f. tr. dor.*

990 Il Medezimo. *In Venezia*, 1748, 2 *vol. in*-8. *ec. tr. dor.*

991 Sethos, Histoire tirée des monumens anec-

dotes de l'ancienne Egypte, traduite d'un Manuſcrit Grec. *Paris*, 1731, 3 *vol. in*-12.

992 Anecdotes de la Cour de Philippe Auguſte, par Mlle. de Luſſan. *Paris*, 1738, 6 *vol. in*-12.

93 Anecdotes de la Cour de François premier, par la même. *Londres* (*Paris*). 1748, 3 *vol. in*-12.

994 Marie d'Angleterre Reine-Ducheſſe, par la même. *Amſt.* (*Paris*) 1749, *in*-12.

995 Hiſtoire de la Comteſſe de Gondez, par la même. *Paris*, 1751, 2 *vol in*-12.

996 Les avantures héroïques & amoureuſes du Comte Raymon de Toulouſe & de Don Roderic de Vivar, par le ſieur Loubaiſſin de la Marque, *Paris*, 1619, *in*-8. *rel. en velin.*

997 Hiſtoire de Jean de Bourbon. *La Haye*, 1704, *in*-12. *v. m. filets*

998 Le Siége de Calais, nouvelle hiſtorique (par Mde. de Tencin.) *La Haye* (*Paris*) 1739, 2 *vol. in*12.

999 Hiſtoire de Madame de Luz (par M. Duclos) *La Haye* (*Paris*). 1744, *in*-12.

1000 Dom Juan d'Autriche, nouv. hiſtoire. *Paris*, 1679, *in*-12 *v. m. filets.*

1001 La Princeſſe de Cléves. *Paris*, 1752, *in*-12.

1002 Memoires du Comte de Grammont, par Hamilton. *Paris*, 1760, 2 *vol. in*-12.

1003 Hiſtoire de Gerard Comte de Nevers. *Paris*, *in*-8. *v. m. filets.*

1004 Hiſtoire de Palmerin d'Olive, fils du Roi Florindos. *Paris*, *in*-8 *v. m.*

1005 Hiſtoire du vaillant Chevalier Tiran le Blanc, trad. de l'Eſpagnol. *Londres* (*Paris*). 2 *vol. in*-8.

1006 Le Caloandre Fidele, trad. de l'Italien d'Ambrosio Marini. *Amst.* (*Paris*). 1740, 3 *vol. in*-12.

1007 Artamene, ou le Grand Cyrus, par M. de Scuderi. *Paris*, 1653, 10 *vol. en* 30. *in*-8.

1008 Cassandre, Roman. *Paris*, 1752, 3 *vol. in*-12.

1019 Faramon, Roman. *Paris*, 1753, 4 *vol. in*-12.

1010 Les amours de Tibulle & de Catulle, par M. de la Chapelle. *Paris*, 1732, 5 *vol. in*-12.

1011 L'Ariane, où sont contenues les avantures de Melint, Palamede, Epicharis, &c. par M. Desmaretz. *Paris*, 1724, 3 *vol. in*-12.

1012 Histoire des amours & des infortunes d'Abelard & d'Eloyse, mise en vers satyri-comi-burlesques, par M***. *Cologne*, 1724, *in*-12. *filets.*

1013 L'Astrée de M. Durfé, Pastorale allegorique avec la clef. *Paris*, 1723, 10 *vol. in*-12.

1014 Les chastes & délectables Jardins d'amour, par Olenix du Mont-Sacré. *Paris*, 1599, 2 *vol. in*-12. *mar. bleu.*

1015 Les Evénemens singuliers de M. de Belley. 1660, *in*-8. *rel. en velin.*

1016 La vraie histoire comique de Francion, composée par Nic. de Moulinet, Sr. du Parc. *Leyde*, 1685, 2 *vol. in*-12.

1017 Ismael, Prince de Maroc, nouvelle historique. *Paris*, 1698, *in*-12. *filets.*

1018 Les Vendanges de Chablis, ou l'Avocat Berné, par le Noble. *Paris*, 1700, *in*-12.

1019 L'Heureux Esclave, nouvelle, ornée de figures en taille-douce. *La Haye*, 1708, *in*-12. *v. m. tr. dorée.*

1020 Le Geomiler, trad. de l'Arabe. *Amst.* 1729, *in*-12. *v. f. tr. dor.*

1021 Histoire de Gilblas de Santillane, par M. le Sage. *Paris*, 1759, 5 *vol. in*-12.

1022 { Mémoires & avantures d'un homme de qualité qui s'est retiré du monde (par M. l'Abbé Prévost) *Paris*, 1756, 6 *vol. in*-12.
Histoire du Chevalier des Grieux & de Manon l'Escaut (par le même) *Amst.* (*Paris*). 1756, 2 *vol. in*-12. }

1023 La même. *Amst.* 1753, 2 *vol. in*-12. *fig.*

1024 Le Philosophe Anglois, ou histoire de M Cleveland, fils naturel de Cromwel (par le même). *Amst.* 1744, 8 *vol. in*-12.

1025 Le Doyen de Killerine, histoire morale, par le même. *Paris*, 1740, 6 *vol. in*-12.

1026 La vie de Marianne, ou les avantures de Madame la Comtesse de ***, par M. de Marivaux. *Paris*, 1755, 4 *vol. in*-12.

1027 Le Paysan parvenu, ou les mémoires de M***, par le même. *Paris*, 1756, 3 *vol. in*-12.

1028 La Paysanne parvenue, ou les mémoires de Mde. la Marquise de L. V. par M. le Chevalier de Mouhy. *Paris*, 1756, 4 *vol. in*-12.

1029 La nouvelle Paysanne parvenue, ou l'histoire de Jeannette. *La Haye*, 1759, 2 *vol in*-12.

1030 Le Soldat parvenu ou mémoire & avantures de M. de Verval, dit Bellerose. *Dresde*, 1759, 2 *vol. in*-12.

1031 Amusemens des eaux de Spa, avec des figures

en taille-douce. *Amst.* 1734, 2 *vol. in*-8. *v. f. tr. dor.*

1032 L'Amour Magot, histoire merveilleuse. Les tisons & Lettres écrites des campagnes Infernales. *Londres*, 1738, *in*-12.

1033 L'Académie militaire, ou les héros subalternes. *Amst.* 1749, 6 *parties*, *in*-12. *brochées.*

1034 Les Sonnettes, ou mémoires de M. le Marquis D***. *Utrecht* [*Paris*] 1749, *in*-12.

1035 Mémoires de M. le Marquis de Chouppes. *Paris*, 1753, 2 *vol. in*-12.

1036 Voyage de Paris à S. Cloud par mer, & retour de S. Cloud à Paris, par terre. *Paris*, 1754, *in*-12. *filets.*

1037 Les Confidences réciproques. *Bergopzoom*, 3 *vol. in*-12.

1038 Les illustres Françoises, histoires véritables. *Paris*, 1725, 4 *vol. in*-12.

1039 Journées amusantes, par Mde. de Gomez. *Paris*, 1737, 8 *vol. in*-12.

1040 Les mêmes. *Londres*, 1754, 4 *vol. in* 12.

1041 Recueil de Romans, par M. Boursault. *Paris*, 1739, 4 *vol. in*-12.

1042 Bibliotheque de campagne, ou amusemens de l'esprit & du cœur. *La Haye*, 1753, 12 *vol. in*-12.

1043 Vida y Hechos del ingenioso Hidalgo, Don Quixotte de la Mancha compuesta, por Miguel de Cervantes Saavvreda. *En Haya*, 1744, 4 *vol. in*-8. *fig. ec. tr. dor.*

1044 Histoire de l'admirable Donquichotte, trad.

de l'Efpagnol de Michel de Cervantes. *Paris*, 1754, *6 vol. in-12.*

1045 Les principales avantures de Donquichotte, repréfentées en figures, par Coypel, Picart, le Romain & autres habiles maîtres, avec les explications tirées de l'original de M. de Cervantes. *La Haye*, 1746, *in-4. G. P. maroquin rouge. dentelle.*

1046 Nouvelles de Michel de Cervantes. *Amft.* 1731, *2 vol. in-12.*

1047 Les mêmes. Edit. augmentée. *Laufanne*, 1759, *2 vol. in-12 fig.*

1048 Vida de Lazarillo de Tormes corregida, por J. de Luna. *En Paris*, 1520, *in-12.*

1049 Lazarillo de Tormes nuevamente corregido. *En Barcelona*, 1620, *in-12. rel. en velin.*

1050 Della vida del Picaro Guzman de Alfarache compuefta par Matheo Aleman. *En Milan*, 1603, *2 vol. in-8. mar. rouge.*

1051 Los Siete Libros de la Diana de Montemayor, trad. d'Efpagnol en François. *Paris*, 1611, *in-8.*

1052 Hiftoire d'Eftevanille Gonzalez, furnommé le Garçon de bonne-humeur, tirée de l'Efpagnol, par M. le Sage. *Paris*, 1741, *2 vol. in-12.*

1053 Le Courier dévalifé, publié par Ginifaccio Spironcini, tiré de l'Italien. *A Villefranche*, 1644, *in-12. v. f. filets.*

1054 Hiftoire de Tom Jones, ou l'enfant trouvé, trad. de l'Angl. de Fielding, par M. de la Place, avec figures. *Paris*, 1751, *4 vol. in-12.*

1055 Cleomelia or the generous miftress By Eliza. Haywood.

Haywood. *London* , 1727, *in*-8 *v. f. filets*.

1056 Oronoko, trad. de l'Ang. de Mde de Behn. [par M. de la Place] *Amst.* (*Paris*) 1745, *in*-12. *filets*.

PHILOLOGUES CRITIQUES.

1057 Extrait de l'art critique de Jean le Clerc, *in*-4. *M. S.*

1058 Essais historiques & philosophiques sur le goût, (par Cartaud de la Villate.) *La Haye*, 1737, *in*-12.

1059 Réflexions historiques & critiques sur le goût & sur les Ouvrages des principaux Auteurs, anciens & modernes, par M. le Marquis d'Argens. *Berlin*, 1743, *in*-8.

1060 Des causes de la corruption du goût, par Mde Dacier. *Paris*, *Rigaud*, 1714, *in*-12.

1061 Homere défendu contre l'Apologie du P. Hardouin, par la même. *Paris*, 1716, *in*-12.

1062 Comparaison de Pindare & d'Horace, par M. Blondel. *Paris*, 1673, *in*-12.

1063 Incerti Scriptoris Græci Fabulæ aliquot Homericæ de Ulixis erroribus gr. & lat. *Lugd. Bat.* 1745, *in*-8.

1064 Parallele des anciens & des modernes en ce qui regarde les Arts & les Sciences, Dialogues par M. Perrault. *Paris*, 1692, 4 *vol. in*-12.

1065 Replique de M. de Girac à M. Costar, où sont examinés les bevues & les invectives du Livre intitulé suite de la défense de M. de Voiture, &c. *Leyden*, 1660, *in*-12.

1066 Réflexions critiques sur la Poësie & sur la

Peinture, par M. l'Abbé du Bos. *Paris* 1755, 3 *vol. in*-12.

1067 Les mêmes. *Paris*, 1755, 3 *vol. in*-4. *G. P. maroquin rouge.*

1068 Le Chef-d'œuvre d'un inconnu, Poëme heureusement découvert, & mis au jour avec des remarques, sçavantes & recherchées par le Docteur Chrisost. Matanasius. *Londres*, (*Paris*,) 1758, 2 *vol. in*-12.

1069 Racine vengée, ou examen des remarques grammaticales de l'Abbé d'Olivet, sur les œuvres de Racine. *Avignon*, 1739, *in*-12.

1070 Essais de critique, 1°. sur les Ecrits de M. Rollin, 2°. sur les traductions d'Herodote, 3°. sur le Dictionnaire géographique & critique de la Martiniere. *Amst.* 1740, *in*-12.

1071 Examen critique ou refutation du Livre des mœurs. *Paris*, 1757, *in*-12... Catéchisme du Livre de l'esprit. 1758.. Lettre à M. *** sur le principe du mouvement dans les corps, & sur l'immaterialité de l'ame, & réflexions au sujet du Livre intitulé, Pensées philosophiques. *in*-12. *v. m. tr. dorée.*

1072 Réflexions d'un Franciscain sur les 3 vol. de l'Encyclopedie, avec une lettre préliminaire aux Editeurs. *Berlin*, (*Paris*,) 1754, *in*-12. *fil.*

Satyres, Apologies, Défenses.

1073 T. Petronii Arbitri Satyricon, & diversorum Poëtarum in Priapum lusus accurante Sim. Abbes Gabbema. *Traj. ad Rhen.* 1654, *in*-8.

1074 Satyre de Petrone, par M. Boispreaux.

(Desjardins.) *Londres*, 1742, 2 *vol. in-8.*

1075 L'introduction au traité de la conformité des merveilles anciennes avec les modernes, ou traité préparatif à l'apologie pour Herodote, (par Henry Estienne.) *in-8. ec. tr. dor.*

1076 Apologie pour Herodote, par le même. *La Haye*, 1735, 3 *vol. in-8. v. m. tr. dor.*

1077 Jo. Burch. Menkenii de Charlataneria eruditorum declamationes duæ cum notis variorum. *Amst.* 1716, *in-12. v. f. tr. dor.*

1078 De la Charlatanerie des Sçavans, par Menken. *La Haye*, 1721, *in-12.*

1079 Critiques de la Charlatanerie divisées en plusieurs discours, en forme de Panegyriques faits & prononcés par elle-même. *Paris*, 1726, 2 *vol. in-12.*

1080 Recueil des piéces curieuses sur les matieres les plus intéressantes, par Albert Radicati, Comte de Passeran. *Londres*, 1749, *in-8.*

1081 Mémoire pour servir à l'histoire des couplets de 1710, attribués faussement à M. Rousseau. *Bruxelles*, 1752, *in-12. v. m. tr. dor.*

1082 Voltariana, ou Eloges amphigouriques de Fr. Marie Arrouet, sieur de Voltaire. *Paris*, 1748, *in-8. v. m. tr. dor.*

1083 Petites Lettres sur de grands Philosophes, (par M. Palissot,) *Paris*, 1757. . La Letophile ou l'ami de la vérité, 1758. . Nouveau Mémoire pour servir à l'histoire de Cacouacs. *Amst.* (*Paris*,) 1758. . Catéchisme & décisions de cas de conscience à l'usage des Cacouacs, 1758. . Lettre au R. P. Berthier sur le materialisme, (par l'Abbé Coyer) *Geneve*, (*Paris*,) 1759, *in-12. v. m. tr. dor.*

1084 Plans & Statuts d'une nouvelle Académie.. Discours prononcés à l'Académie Françoise, par l'Evêque de Bayeux, par MM. Bignon & Maupertuis, par MM. de Nivernois & de Marivaux & autres. *In-4. br.*

1085 Lettre de M. D. C à l'Abbé Freron sur son Ode intitulée les conquêtes du Roi.. Le Poëme de Fontenoi, avec un avis à ce sujet à M. de Voltaire, & des réflexions sur le même Poëme.. Lettre à l'Abbé des-Fontaines sur son Ode intitulée la Convalescence du Roi.. Oraison funébre du Cardinal de Fleury, par le P. de Neuville, avec une Lettre sur la même Oraison funébre, & une refutation de la même Lettre.. Réponse du Public à l'Auteur d'Acajou.. Arrêt du Conseil d'Etat de Momus sur l'affaire de Mlle. Petit, Danseuse à l'Opera. Lettre de l'Abbé Cotin à M. Moncrif.. Lettre à Mde de ** où l'on invite plusieurs Auteurs célébres d'entrer dans l'Ordre des Francs-maçons, *in-4. br. en carton.*

1086 Lettre d'un Bourgeois de Paris à un de ses amis au sujet de la suppression des observations sur les Ecrits modernes.. Lettre de M. Tubeuf au nouveau Censeur de la nouvelle traduction de Virgile de l'Abbé des-Fontaines.. Lettre de M. le Tort sur le même sujet. Lettre de M. Hardy sur le même sujet. Mémoire pour l'Abbé des Fontaines contre P. Gourné.. Description exacte de la maison de glace construite à Petersbourg.

1087 Jugement désintéressé du démêlé qui s'est élevé entre Voltaire & l'Abbé des Fontaines.. Lettre d'un Avocat de Rouen à M. V.

Avocat au Parlement de Paris, au sujet de l'Abbé des-Fontaines.. Le contre-poison des feuilles, ou lettre sur le sieur Freron.. Lettre à Mde *** & dépit de l'impertinent.. Projet utile pour le progrés de la Littérature.. Idée du siécle littéraire présent reduit à six vrais Auteurs.. Lettre à M. Gresset, sur la Comédie. 1759, *in*-12.

1088 La boucle de cheveux enlevée, Poëme héroï-comique trad. de l'Angl. de Pope.. Eloge hist. du Cardinal de Polignac.. Lettre d'un Archer de la Com. Franc. à M. de la Chaussée sur l'heureux succès de l'Ecole des meres.. Les deux Tonneaux, Poëme allégorique. Lettres à M. de Voltaire sur plusieurs de ses Tragédies.. Sancho-Pança, Gouverneur, Poëme burlesque.. Mémoire pour le sieur de la Noue, la Dlle Gaussin & consorts, opposans à la Reception de la Dlle. Clairon. Réflexions d'un Peintre sur l'Opera.. *In*-12 *br. en carton.*

Dissertations critiques, allégoriques & plaisantes.

1089 La nobilta dell Asino di Attabalippa dal Perp. *In Venetia*, 1599, *in*-4. *velin.*

1090 Della famosissima Compagnia della Lesina *In Venetia*, 1610, *in*-8.

1091 Stultitiæ laus Desid. Erasmi declamatio. *Amst.* 1685, *in*-12. *v. f. tr. dor.*

1092 L'éloge de la folie trad. du lat. d'Erasme, par Gueudeville, avec les notes de Gerard, Listre & les figures de Holbein. *Amst.* 1728, *in-8.*

1093 Le même *Paris*, 1751, *in-4. figures*, *mar. rouge*, *dentelle*, *lav. reg. double de tabis.*

1694 Le même avec des notes, (*Paris*,) *in-12 figures.*

1095 Le celeste divorce trad. de l'Italien en François 1644, *in-12. rel. en velin.*

1096 La Riconosciuta Barca di Padoua di M. Salvo. *in Venetia*, 1658, *in-12 filets.*

1097 Le Théatre des divers cerveaux du monde, trad de l'Italien, par G. C. D. T. *Paris*, 1686, *v. f. filets.*

1198 Il Sansone di ferrante Pallavicino, libri tre. *In Venetia*, 1638, *in-12.*

1199 Le Rabat-joie du triomphe Monacal, recueillie par le sieur de S. Hilaire. *Lisle*, 1634, *in-8.*

1100 Nouvelle allégorique, ou l'histoire des derniers troubles arrivés au royaume d'Eloquence, (par Furetiere) *Paris*, 1658, *in-8.*

1101 Histoire poëtique de la guerre nouvellement déclarée entre les anciens & les modernes. *Paris*, 1688, *in-12.*

1102 Le Parnasse réformé & la guerre des Auteurs, par Gueret. *La Haye*, 1716, *in-12.*

1103 Hexameron rustique, par la Motte le Vayer. *Amst.* 1698, *in-12 mar. citr.*

1104 Histoire de P. de Montmaur, par M. de Sallengre. *Amst.* 1717, 2 *vol. in-8.*

1105 Le fourbe puni, ou le duel des Rivales... Satyre de Petrone, par M. Boispreaux (Desjardins)... Lettres de M. de... avec plusieurs pieces de différens Auteurs,.. *in-12.*

1106 Le ſonge de Licandre, le voyage nocturne de Roiſſy, ou le Parnaſſe triomphant, recit Burleſque. *in*-4. *Mſ.*

1107 Amuſemens ſérieux & comiques, par Riviere Dufreſny. *Paris*, 1751, *in*-12.

1108 A Tale of a Tul. [By D. Jonathan Swift] *London*, 1724, *in*-8. *filets.*

1109 Hiſtoire des Rats, pour ſervir à l'Hiſtoire univerſelle. *Ratofolis*, 1738, *in*-8. *filets.*

1110 Mémoires de l'Académie des ſciences, inſcriptions, belles-lettres, nouvellement établie à Troye en Champagne. *Paris*, 1756, *in*-12. *v. m. tr. dor.*

1111 La guerre Séraphique, ou Hiſtoire des périls qu'a couru la Barbe des Capucins, par les violentes attaques des Cordeliers. *La Haye*, 1740, *in*-12. *v. f. filets.*

1112 Les Dons de Comus, ou les délices de la table... Lettre d'un Pâtiſſier Anglois au nouveau Cuiſinier François, avec un extrait du Craftsman ... Lettre d'un Pâtiſſier au nouveau Cuiſinier François... La nouvelle Aſtronome du Parnaſſe François, ou l'Apothéoſe des Ecrivains vivans de la préſente année, 1740... Lettre d'un François, écrite de la Haye, à un de ſes amis à Paris, ſur la Tragédie de Coligny ... Lettres à M. de B ... ou Eſſais ſur le gout de la Tragédie, par le ſieur D ... Lettres ſur la Comédie de l'Ecole des Amis, par M. Riccoboni ... Diſcours prononcé par Mlle Perrette de la Babille, Préſidente de l'Académie des Femmes ſçavantes, &c... Della Henriade Canto nono .. *in*-8.

1113 Lettres ſur M. de Fontenelle. *Paris*, 1751...

Eloge funebre de M. de Montesquieu, 1755 .. Mémoire sur la nécessité de diminuer le nombre & de changer le systême des maisons religieuses, 1755 .. Description & vue de Lisbonne, & Relation du tremblement de terre & de l'incendie. *in-12.*

Traités particuliers sur l'Amour & sur les Femmes.

1114 Fantaisies Amoureuses, où sont décrites les amours d'Alerio & Mariane. *Rouen*, 1601, *in-12. filets.*

1115 Le Manuel d'amour, mis en forme de lieux communs, où sont déduites les plus belles parties de ses effets. *Paris*, 1614, *in-12.*

1116 Le Jugement d'amour. Ensuivant le Messagier d'amours. *Paris*, *mar. citr. in-12.*

1117 Augustini Niphi de amore liber. *Lugd. Bat.* 1641, *in-18. velin.*

1118 Les Enthousiasmes ou éprises amoureuses de P. de Sapet. *Paris*, 1556 .. Continuation des erreurs amoureuses. *Lyon*, 1571 .. La Synathrisie alias, Recueil confus, fait par J. Desplanches. *Rouen*, 1751 .. Les Livres d'Hesiode, Poëte Grec, intitulé les Œuvres & les Jours, trad. en François, par Richard le Blanc. *Lyon*, 1547, *in-12.*

1119 La sage folie fontaine d'allégresse, mere des plaisirs, reine des belles humeurs, trad. de l'Italien de Sperte, par Garon. *Rouen*, 2 *vol. in-12. filets.*

1120 Le globe, ſonge, trad. de l'Abbé Conti. *in-4. Mſ. v. m. tr. dor.*

1121 Il congreſſo di Cithera (del Signor Conte algarothi). *Parigi*, 1756, *in*-12.

1122 Diſcours amoureux, faits à l'exaltation de l'honneur des Dames, par C. D. T. L. *Paris*, 1595, *in*-12.

1123 Reſponce aux impertinences de l'Apoſté, Capitaine vigoureux: ſur la défenſe des femmes, par J. Olivier. *Paris*, 1617, *rel. en vel.*

1124 Le Champion des femmes, par le Chevalier de l'Eſcale. *Paris*, 1618, *in*-12, *mar. bleu. dentelle.*

1125 Tableau hiſtorique des ruſes & ſubtilités des femmes, par L. S. R. *Paris*, 1613, *in*-8.

1126 Le Bouclier des Dames, contenant toutes leurs belles perfections, par le ſieur de la Martiniere. *Rouen*, 1624, *in*-12. *v. f. filets.*

1127 Tractatus contra ſexum muliebrem. *Anno*, 1644, *in*-12. *filets.*

1128 Les entretiens de Tartuffe & de Rabelais, ſur les femmes, par le ſieur Daillhiere. *Middelbourg*, 1688... Conjuration des Eſpagnols contre la République de Veniſe, en l'année 1618. *Paris*, 1683. ... La ſauce au verjus. *Strasbourg*, 1674 ... Catéchiſme des Courtiſans, ou les queſtions de la Cour & autres galanteries. *Cologne*, 1680, *in*-12. *rel. en vel.*

Sentences, Proverbes & Bons mots.

1129 Centuriæ XXI. Proverbiorum ex optimis autoribus græcis collectæ a Mich. Apoſtolio Byſantino, cum Verſione P. Pantini, *Lugd. Bat.* 1653, *in-4. rel. en vel.*

1130 Réflexions, penſées & bons mots qui n'ont point encore été donnés, par le ſieur Pepinocourt. *Paris*, 1696, *in-12.*

1131 Recueil de tous les beaux endroits des ouvrages des plus célébres Auteurs de ce tems, par le ſieur Corbinelli. *Paris*, 1596, *2 vol. in-12.*

1132 Sorberiana ſive excerpta ex ore Sam. Sorbiere. *Toloſæ*, 1691, *in-12.*

1133 Naudæna & Patiniana. *Paris*, 1701, *in-12.*

1134 Scaligera Thuana, Perronniana, Pithœana Colomeſiana. *Amſt.* 1740, *2 vol. in-12*

1135 Ducatiana, ou Remarques de M. le Duchat ſur divers ſujets d'hiſtoire & de littérature. *Amſt.* 1738, *2 Tom. en un vol. in-12.*

1136 Longuetuana, ou Recueil de penſées, de diſcours & de converſations de M. de Longuerue. *Berlin* (*Paris*) 1754, *2 vol. in-12.*

1137 L'Eſprit de Fontenelle, ou Recueil de penſées tirées de ſes ouvrages. *La Haye* (*Paris*). 1753, *in-12.*

1138 Proverbi Italiani raccolti da Orlando Peſcetti. *In Venetia*, 1603, *in-12. v. f. filets.*

POLYGRAPHES.

1039 Luciani Dialogi & alia multa Opera Græc. *Aldus*, 1522, *in-fol. rel. en velin.*

1140 Lucien, de la traduction de N. Perrot, S. d'Ablancourt, avec des remarques. *Amſt. Mortier*, 1709, *2 vol. in-8. figures*, *maroquin.*

1141 Philoſtrati Opera Græc. & Lat. ex recognit.

Morelli. *Parisiis*, 1608, *in-fol. v. m. tr. dor.*

1142 Les Essais de Michel, Seigneur de Montaigne. *Amst.* 1659, 3 *vol. in-12. mar. rouge.*

1143 Les mêmes, avec des notes, par P. Coste. *Paris*, 1725, 3 *vol. in-4.*

1144 Les mêmes. *La Haye*, 1727, 5 *vol. in-12.*

1145 Œuvres de François de la Mothe le Vayer. *Dresde*, 1756, 4 *vol. in-8. filets.*

1146 Les Œuvres diverses du sieur de Balzac. *Amst. Elzevir*, 1664, *in-12. mar. rouge.*

1147 Les Œuvres de Voiture. *Paris*, 1656, *in-12. mar. rouge.*

1148 Les Œuvres de Cyrano de Bergerac. *Amst.* 1710, 2 *vol. in-8. ec. tr. dor.*

1149 Les Œuvres de Sarazin. *Paris*, 1658, *in-12.*

1150 Oeuvres de Scaron. *Paris*, 1752, 12 *vol. in-12.*

1151 Les nouvelles Oeuvres de le Pays. *Amst.* 1674, 2 *vol. in-12. rel. en vel.*

1152 Oeuvres de M. de Segrais. *Paris*, 1755, 2 *vol. in-12.*

1153 Oeuvres de Saint-Evremont, avec la vie de l'Auteur, par M. des Maizeaux. [*Paris*]. 1753, 12 *vol. in-12.*

1154 Les Oeuvres mêlées du Chevalier Temple. *Utrecht*, 1693, 2 *vol. in-12. ec. filets.*

1155 Essais sur les mécontentemens populaires, par le Chevalier Temple. *Amst. Lhonoré*, 1744, *in-12. v. tr. dor.*

1156 Oeuvres de M. l'Abbé de Saint-Real. *Paris*, 1730, 5 *vol. in-12.*

1157 Les mêmes. *Paris*, *Huart*, 1745, 3 *vol. in-4. ec. tr. dorée.*

1158 Les mêmes. *Paris*, 1757, 8 *vol. in-12.*

1159 Les Oeuvres de M. le Marquis de la Fare. *Amst.* (*Paris*). 1755, 2 *vol. in-12.*

1160 Oeuvres de M. de Fontenelle. *Paris.* 1758, 10 *vol. in-12*

1161 Oeuvres de M. Houdar de la Motte. *Paris*, *Prault*, 1754, 12 *vol. in-8. g. p. v. tr. dor.*

1162 Les Oeuvres de M. de Montesquieu, nouvelle Edition, revue, corrigée & considérablement augmentée par l'Auteur, avec des remarques philosophiques & politiques, d'un anonyme, qui n'ont point encore paru. *Lausane*, 1761, *in-12. 6 vol.*

1163 Oeuvres de M. de Voltaire, nouvelle Edition, enrichie de figures en taille-douce (*Paris*) 1751, 11 *vol. in-12.*

1164 Les mêmes, plus complettes. *Geneve*, 17 *vol. in-8. ec. filets.*

1165 Oeuvres mêlées, en prose & en vers, de M. L. D. B***. (l'Abbé de Bernis) *Geneve* (*Paris*) 1753, *in-12. broché.*

1166 Oeuvres de M. L. Racine le fils. *Amst.* 1750, 6 *vol. vol. in-12. rel. en 3.*

1167 Oeuvres diverses du Pere du Baudori. *Paris*, 1750, *in12.*

1168 Pensées diverses, écrites à un Docteur de Sorbonne, à l'occasion de la comete qui parut au mois de Décembre 1680, par Bayle. *Rotterdam*, 1704, 4 *vol. in-12.*

1169 Les mêmes. 1722, 4 *vol. in-12. ec. filets.*

1170 Recueil de littérature, de philoſophie & d'hiſtoire. *Amſt.* 1730, in-12.

1171 Recueil de pieces, d'hiſtoire & de littérature. *Paris*, 1731, 2 *vol. in-12.*

1172 Diſſertations philoſophiques & littéraires, par M. de Gamaches, *Paris*, 1755, *in-12.*

1173 Mélanges de littérature, d'hiſtoire & de philoſophie. *Berlin*, 1753, 2 *vol. in-12.*

1174 Mélanges de littérature, d'hiſtoire & de philoſophie (par M. Dalembert). *Amſt.* (*Lyon*). 1759 4 *vol. in-12.*

1175 Théorie des ſentimens agréables (par M. de Poilly) *Paris*, 1749, *in-8.*

1176 Opere del Commendat. Annibal Caro. *In Venetia*, *Remondini*, 1757, 4 *vol. in-8 v. m. filets.*

1177 Opere Sceltedi ferrante Pallavicino. *In Villa Franca*, 1672, *in-12. mar. citr.*

1178 Della Storia è della ragione d'ogni Poeſia di Franc. Saverio Quadrio. *In Bologna*, 1739, 7 *vol in-4. filets.*

1179 Les Oeuvres de Quevedo, trad. de l'Eſpag. par le ſieur Raclots. *Bruxelles*, 1718, 2 *vol. in-12. v. f. filets.*

Dialogues.

1180 Deſid. Eraſmi Colloquia cum omnium notis *Amſt. Weſtein*, *in-32*, *v. f. tr. dor.*

1181 Les Colloques d'Eraſme, trad. par Gueudeville avec des notes & des figures, *Leyde*, 1720, 6 *vol. in-12. ec. tr. dor.*

1182 Cinq Dialogues faits à l'imitation des anciens, par Oratius Tubero. *Francfort*, 1716, 2 vol. in 8. *filets.*

1183 Les entretiens d'Ariste & d'Eugene, par le P. Bouhours. *Amst.* 1708, *in-12. mar. rouge.*

1184 Sentimens de Cleante, sur les entretiens d'Ariste & d'Eugene. *Amst.* 1682, *in-12 v. f. tr. dor.*

1185 Dialogues critiques & philosophiques, par l'Abbé de Charte Livry. *Amst.* 1730, *in-12. v. f. tr. dor.*

Epistolaires.

1186 Lettres galantes d'Aristenete, traduites du Grec. *Paris*, 1752, *in-8.*

1187 C. Plinii secundi Epistolarum libri X. & Panegyricus. *Lugd. Bat. Elzevir*, 1640, *in-12. mar. rouge.*

1188 Ejusdem Plinii Epistolæ & panegyricus ex recensione, J. N. Lallemand, *Parisiis*, 1749, *in-12.*

1189 Ejusdem Plinii Opera. Glasguæ. 1751, 3. *vol. in-12. v. ec.*

1190 Les Lettres de Pline le jeune, trad. en franc. [par M. de Sacy.] *Paris*, 1721, 3 *vol. in-12. fil.*

1191 Les Lettres familieres de Ciceron, trad. en franc. par J. G. *Paris*, 1679, *in-8.*

1192 Les véritables Lettres d'Abailard & d'Heloïse, avec des notes. *Paris*, 1723, 2 *vol. in-12.*

1193 Epistolæ Obscurorum virorum ad D. M. Ortuinum Gratium. *Francofurti*, 1643. *in-12. rel. en velin.*

1194 Commercium Epistolicum Joannis Collins &

aliorum de Analysi poemata. *Londini*, 1712. *in*-4.

1195 Lettres choisies de M. Guy-Patin. *La Haye*, 1715, 3 *vol. in*-12. *ec. tr. dorée.*

1196 Lettres de Messier Roger de Rabutin, Comte de Bussy. *Amst.* 1752, 6 *vol. in*-12. *ec. filets.*

1197 Lettres de Madame la Marquise de Sevigné. *Amst.* 1756, 8 *vol. in*-12.

1198 Lettres critiques sur divers sujets importans de l'Ecriture sainte, par M. de J***. *Amst.* 1715. *in*-12.

1299 Lettres choisies de M. Simon, nouv. édit. augmentée par M. Bruzen de la Martiniere. *Amst.* 1730, 4 *vol. in*-12.

1200 Lettres Persannes, [par M. de Montesquieu.] *Cologne* (*Paris*), 1744. *in*-12.

1201 Les Lettres Persannes, convaincues d'impiété. 1751. *in*-12.

1202 Lettres Turques (par M. de Saint-Foy.) *Amst.* (*Paris*) 1757. 2 *vol. in*-12.

1203 Lettres sur les Anglois, les François & les voyages, (par Muralt.) *Paris*, 1747, 2 *vol. in*-12. *v. f. tr. dor.*

1204 Lettres historiques & galantes de Madame du Noyer. *Londres*, [*Paris*] 1757, 9 *vol. in*-12.

1205 Lettres Philosophiques, par M. de V. *Rouen*, 1734, *in*-12. *velin.*

1206 Lettres historiques & philologiques du Comte d'Orreri sur la Vie & les Ouvrages de Swift. *Paris*, 1753. *in*-12.

1207 Lettres Juives, ou correspondance philosophique & critique entre un Juif voyageur & ses Correspondans, (par M. le Marquis d'Argens.)

La Haye [*Paris*] 1754, 8 *vol. in*-12.

1208 Lettres Françoiſes & Germaniques, ou réflexions milit. litt. & crit. ſur les François & les Allemands. *Londres*, 1740, *in*-12.

1209 Lettres de la Marquiſe de M*** au Comte de R*** (par M. de Crebillon le Fils.) *Paris*, 1739, 2 *vol. in*-12.

1210 Lettres de Ninon Lenclos au Marquis de Sevigné, avec ſa Vie. *Amſt.* [*Paris*] 1757, 2 *vol. in*-12.

1211 Lettres d'une Peruvienne, [par Madame de Grafigny.] *Paris*, 1760, 2 *vol. in*-12.

1212 Delle Lettere familiari del Comm. Annibal. Caro. *in Padova-Comino*, 1749, 3 *vol. in*-8. *ec. tr. dor.*

1213 Lettres facétieuſes & ſubtiles de Céſar Rao, trad. du lat. en franç. par Gab. Chappuys. *Lyon*, 1584, *in*-12.

1214 Lettere del Sign. Card. Lanfranca Margotti *Venetia*, 1642, *in*-4.

1215 Lettere del P. Paolo Segneri ſulla materia probabile. *Colonia*, 1732, *in*-12. *filets.*

1216 Lettere ſcritte da donna di ſenno è di ſpirito per Ammaeſtramento del ſuo amante. *In ferrara*, 1737, *in*-8.

1217 Lettere diverſe di Gaſparo Gozzi. *In Venezia Paſquali*, 1755, *in*-8.

HISTOIRE,

HISTOIRE.

Introduction à l'Histoire.

1218 Méthode pour étudier l'Histoire, par M. l'Abbé Lenglet Dufresnoy. *Paris*, 1735, 4 *v. in*-4.

1219 L'Histoire justifiée contre les Romans, par le même. *Amst.* 1735. *in*-12.

1220 Elemens hist. ou Méthode courte & facile pour apprendre l'Histoire aux enfans. *Paris*, 2 *vol. in*-12.

Géographie.

1221 Introduction à la Géographie, par le Sr. le Rouge. *Paris*, 1748, *in*-4.

1222 Dictionn. Géographique portatif, par Vosgien. *Paris*, 1759, *in*-8.

1223 Abregé portatif du Dictionnaire Géographique de la Martiniere. *Paris*, 1759, *in*-8.

1224 La Topographie de l'Univers, par M. l'Abbé Expilly. *Paris*, 1758, 2 *vol. in*-8.

1225 La Polichrographie en six parties, par le même. *Avignon*, 1756. *in*-8.

1226 Le Géographe manuel, par le même. *Paris*, 1227, *in*-16.

1227 Le nouveau Théâtre du monde, ou la Géographie royale, composée de nouvelles Cartes très-exactes, par Gueudeville. *Leide*, 1713, *in-fol. br. en carton.*

Voyages.

1128 Histoire générale des Voyages, ou nouv. collection de Voyages, par mer & par terre, enrichie de cartes & de figures en taille-douce (par M. l'Abbé Prevost.) *Paris*, 1746 *& suiv.* 8 *vol. in-4. br. avec la souscription.*

1229 Voyage au tour du monde, traduit de l'Italien de Gemelli Careri. *Paris*, 1719, *in* 12. 7 *vol.*

1230 Voyage au tour du monde, par Georges Anson. *Amst.* 1755. *in-4, filets.*

1231 Voyages du Sr de la Motraye en Europe, Asie & Afrique. *La Haye*, 1727, 2 *vol. in-fol. figures v. f. tr. dorée.*

1232 Voyage d'Italie, de Dalmatie, de Grece & du Levant, fait aux années 1675. & 1676, par Jac. Spon. *La Haye*, 1724, 2 *vol. in* 12. *fig.*

1233 Nouveau Voyage d'Italie (par Misson.) *La Haye*, 1702, 3 *vol. in-*12. *fig. v. f. tr. dor*,

1234 Voyage d'Italie, ou Recueil de notes sur les ouvrages de Peinture & de Sculpture qu'on voit dans les principales Villes d'Italie, par M. Cochin. *Paris*, 1758, 2 *vol. in-*8. *v. m. filets.*

1235 Voyage du Pere Labat en Espagne & en Italie. *Paris*, 1730, 8 *vol. in-*12.

1236 Histoire d'un Voyage littéraire avec un Discours préliminaire de M. la Croze. *La Haye*, 1736, *in-*12. *br.*

1237 A Voyage to Hudsons Bay By the Dobbs Galley and California in the years, 1746. and. 1747. By Henr, Ellis. *Dublin*, 1746, *in-*8. *filets.*

1238 Voyage au Levant, enrichi de figures en taille

douce, par Corn. le Bruyn. *Paris*, 1725. 5 *vol.* *in*-4. G. P.

1239 Voyages de Chardin en Perse, & autres lieux de l'Orient. *Amst.* 1711. 10 *vol. in*-12. *reliés en* 5.

1240 Les Voyages fameux du Sr Vincent le Blanc, redigés par Bergeron. *Paris*, 1658. *in*-4.

1241 Voyages faits principalement en Asie dans les XII, XIII, XIV & XVe. siécles, par plusieurs Voyageurs publiés par P. Bergeron. *La Haye*, 1735, 2 *vol. in*-4.

1242 Voyages de Pietro della Vallée dans la Turquie, l'Egypte, la Palestine, la Perse, les Indes Orientales & autres lieux. *Rouen*, 1745, 8 *vol. in*-12.

1243 Nouvelle relation, contenant les Voyages de Thom. Gage dans la nouv. Espagne. *Amst.* 1721. 2 *vol. in*-12.

1244 Voyage historique de l'Amérique Méridionale, fait par Don Juan & Don Antoine de Ulloa, orné de figures. *Amst.* 1752, 2 *vol. in*-4. *ec. fil.*

1245 Journal du Voyage de Siam fait en 1685. & 1686, par l'Abbé de Choisy. *Paris*, *cramoisy*, 1687, *in* 12.

1246 Histoire de l'expédition de trois vaisseaux envoyés par la Compagnie des Indes Occidentales des Provinces-Unies aux Terres Australes en 1721, par M. de B***. *La Haye*, 1739, 3 *vol. in*-12.

1247 Voyages de Gulliver. *La Haye*, 1741. 2 *vol. in*-12. *fig.*

1248 Voyages & Avantures de Jac. Massé. *Cologne*, 1710, *in*-12.

1249 La Vie, les Avantures & le Voyage de Groenland du R. P. Cordelier, P. de Mesange. *Amst.* 1720, 2 *vol. in* 12.

1250 Nouveaux Voyages de M. le Baron de la Hontan dans l'Amérique Septentrionale. *La Haye*, 1703, 2 *vol. in*-12.

Histoire Universelle.

1251 Discours sur l'Histoire universelle, par J. B. Bossuet. *Paris*, *Cramoisi*, 1681, *in*-4. *mar. rouge.*

1252 { Introduction générale & politique de l'Univers, par M. le Baron de Pufendorf. *Amsterd.* 1722, 7 *vol. in*-12.
Introduction à l'Histoire de l'Asie & de l'Amérique, par Bruzen de la Martiniere. *Amst.* 1735, 2 *vol. in*-12.

1253 Histoire générale, civile, politique & religieuse de tous les Peuples du monde, par M. l'Abbé Lambert. *Paris*, 1750, 15 vol *in*-12.

1254 L'Espion Turc dans les Cours des Princes Chretiens. *Londres*, 1742, 7 *vol. in*-12. *ec. tr. dor.*

1255 Mémoires pour servir à l'Histoire du dix-huitiéme siécle, par Lamberty, *La Haye*, 1731, 10 *vol. in*-4. *v. f. filets.*

1256 Histoires prodigieuses extraites de plusieurs Auteurs gr. & lat. mises en notre langue par P. Bocisteau. *Paris*, 1567, *in*-12. *ec. filets.*

1257 Historia delle guerre di quest. ultimi tempi. *Bologna*, 1653, *in*- 4.

1258 Abrégé de l'hist. universelle depuis Charlemagne jusqu'à Charlequint, par M. de Voltaire. *Londres*, 1753, 3 *vol. in*-12.

1259 Hist. univers. sacrée & profane composée par ordre de Mesd. de France. *Paris*, 1754, 5 *vol. in*-12.

1260 Histoire des anciens traités, ou Recueil historique & chronol. des traités répandus dans les Auteurs gr. & lat. & autres monumens de l'antiquité, depuis les temps les plus reculés, jusqu'à l'Empereur Charlemagne, par Barbeyrac. *Amsterdam*, 1739, *in-fol. filets.*

1261 Le Cérémonial diplomatique des Cours de l' urope recueilli par M. Dumont, & mis en ordre par Rousset. *Amst.* 1739, 2 *vol. in-fol. filets.*

1262 Supplement au corps universel diplomatique du droit des gens, par Rousset. *Amst.* 1739, 3 *vol. in-fol. filets.*

1263 Négociations sécrettes touchant la Paix de Munster & d'Osnabrug. *La Haye*, 1724, 3 *vol in- fol. filets.*

Histoire Ecclésiastique.

1264 Discours sur l'histoire Ecclésiastique, par M. l'Abbé Fleury. *Paris*, 1720, *in*-12.

1365 Le même. *Paris*, 1747, *in*-12.

1266 Abrégé chronol. de l'Hist. ecclésiastique. *Paris*, 2 *vol. -in* 8. *filets.*

1267 Abregé de l'Histoire Ecclésiastique, contenant les évenemens considérables de chaque siécle avec des réflexions, (par M. Racine.) *Colo*-

gne, (*Paris*) 1754, 14 *vol. in*-12.

1268 Les Mœurs des Iſraëlites, par M. l'Abbé Fleury. *Paris*, 1732, *in*-12.

1269 Les Mœurs des Chrétiens, par le même. *Paris*, 1712, *in*-12.

1270 Hiſt. du Peuple de Dieu, depuis ſon origine juſqu'à la naiſſance du Meſſie, tirée des ſeuls Livres ſaints, ou les Textes ſacrés de l'Ancien Teſtament, réduit en un corps d'Hiſtoire, p r l: Pere Berruyer de la Compagnie de Jeſus. *Pari*, *Veuve Piſſot*, 1728, 7 *vol. in* 4.

1271 La même. *Paris*, 1734, 7 *vol. in*-4. *v. f. fil.*

1272 Hiſtoire du Peuple de Dieu, depuis la naiſſance du Meſſie juſqu'à la fin de la Synagogue, &c. par le même. *La Haye* (*Paris*) 1755, 4 *vol. in*-4. *v. f. filets.*

1273 Hiſtoria del Padre Paolo Sopra li Benefici Eccleſiaſtici. *in Colonia alpina*, 1675, *in*-12.

1274 Conclavi de Pontefici Romani, 1668, *in*-12.

1275 Hiſtoire des Conciles généraux commencée par le premier Concile de Nicée, avec des Notes d'éclairciſſemens, &c. *Paris*, 1692, *in*-8.

1276 Hiſtoria del Concilio Tridentino di Pietro Soave Polano. 1629, *in*-4.

1277 Hiſtoire du Concile de Trente, trad. de l'Italien de Fra Paolo Serpi, avec des notes, par P. Fr. le Courrayer. *Amſt.* (*Paris*) 1751, 3 *vol. in*-4. *G. P. ec. filets.*

1278 Anecdottes Eccléſiaſtiques tirées de l'Hiſt. de Naples de Giannone. *Amſt.* 1738, *in*-8. *mar. vert.*

1279 Le vite de Pontefici di Ant. Ciccarelli Con

leffigie. di Giov. Batt. de Cavallieri. *Roma*, 1588, *in-4.*

1280 Histoire de la Papesse Jeanne, fidèlement tirée de la dissertat. lat. de Spanheim. *La Haye*, 1720, 2 *vol. in-12. fig. mar. r.*

1281 Familier éclaircissement de la question, si une femme a été assise au Siége papal de Rome entre Leon IV. & Benoît III, par David Blondel. *Amst.* 1649, *in-12. rel. en vel.*

1282 La Vie du Pape Alexandre VI. & de son fils Cesar Borgia, par Gordon, trad. de Langlois. *Amst.* 1732, 2 *vol. in-12. tr. dor.*

1283 Il sindicato di Alexandro VII. con un aggiunta della Sentenza è di Pasquino morto è resuscitato, 1668, *in 12.*

1284 Il Cardinalismo di santa Chiesa. 3 *vol. in-12. v. f. tr dor.*

1285 Vita di Sisto V. Scritta da Gregorio Leti. *Amst.* 1721, 3 *vol. in-12. fig. v. f. tr. dor.*

1286 Mémoires historiques & critiques sur la Vie de Gregoire VII. *à St. Pourcain*, 1743, 3 *vol. in-12. v. f. tr. dor.*

1287 {
De la Sainteté & de la Vie Monastique. *Paris*, *Muguet*, 1683, 2 *vol. in-4.*
Eclaircissemens de quelques difficultés que l'on a formées sur le livre de la Sainteté & des Devoirs de la Vie Monastique. *Paris*, *Muguet*, 1685, *in-4.*
La Regle de St. Benoît expliquée selon son véritable esprit. *Paris*, *Muguet*, 1689, 2 *vol. in-4.*
}

Réponse au Traité des Etudes Monastiques, par M. l'Abbé de la Trappe. *Paris*, *Muguet*, 1692, *in*-4.

1288 Necrologe de l'Abbaye de N. D. de Port-royal-des-Champs. *Amst.* 1723, *in*-4.

1289 Relations écrites par la Mere Mar. Ang. Arnauld, de ce qui est arrivé de plus considérable dans Port-Royal, 1716, *in*-12.

1290 Legende dorée, ou Sommaire de l'Histoire des Freres Mendians de l'Ordre de St. Dominique & de St. François. *Amst.* 1734, *in*-12.

1291 L'Apocalypse de Meliton, ou Révélation des Mysteres cenobitiques, par Meliton. *St. Leger*, 1668, *in*-12. *rel. en vel.*

1292 Histoire de l'admirable Dom Inigo de Guipuscoa, Chevalier de la Vierge, par le Sr Hercule Raziel de Selva. *La Haye*, 1738, 2 *vol. in*-8. *mar. rouge.*

1293 Le Moine secularisé. *à Maguelone*, 1677, *iu*-12. *mar. rouge.*

1294 Le Mercure Jesuite, ou Recueil des Piéces concernants le progrès des Jesuites, leurs Ecrits & différens depuis l'an 1620. jusqu'à l'année 1626. *Geneve*, 1631, 2 *vol. in*-8. *rel. en un.*

1295 Recueil de Piéces curieuses & intéressantes. *Liege*, 1683. *in*-12.

1298 Le Regulier secularisé avec la Critique. *Cologne*, 1683, *in*-12. *mar. vert.*

1296 Recueil de piéces touchant l'histoire de la Compagnie de Jesus, composé par le P. Jos. Jouvenci. *Liege*, 1716 *in*-12. *mar. rouge.*

1297

1297 Décisions d'Estienne Pasquier. *Delft*, 1717, 2 *vol. in*-12.

1298 Elixir Jesuiticum, sive Quinta essentia Jesuitarum, Collectore Leosthene Saliceto. 1641, *in*-12.

1299 Le fameux Orvietan pour la guérison de toutes sortes de brûlures. *Cologne*, 1669, *in*-12. *v. m. tr. dor.*

1300 Apologies pour l'Université de Paris contre le discours d'un Jesuite. 1643, *in*-8.

1301 Déclaration du sieur P. Jarrige, ci-devant Jesuite, *Leyde*, 1748... Recueil de piéces apologétiques, avec la réponse aux Colomnies de J. Beaufés, par P. Jarrige, *Leyde*, 1648 *in*-8. *rel. en velin.*

1302 Avis aux R. R. P. P. Jesuites sur leur Procession de Luxembourg du 20 May 1685.... Avis aux R. R. P. P. d'Aix en Provence sur un Imprimé qui a pour titre Ballet dansé à la reception de Mgr l'Archevêque d'Aix. *Cologne*, 1686... Réflexions sur les inscriptions du P. Menestrier, & sur les Ecrits du P. le Tellier, &c. *La Haye*, 1689... Nouvelle hérésie dans la morale dénoncée au Pape & aux Evêques, aux Princes & aux Magistrats.... Lettre de M. Arnauld à Monseigneur l'Evêque de Malaga, au sujet de sa plainte catholique adressé au Pape Innocent XI... Lettre d'un Théologien à une personne de qualité, sur le nouveau Livre des Jesuites, contre la morale pratique. *in*-12.

1303 Les Moines empruntés, par Pierre Joseph.

1688, 2 *vol. in-12. rel. en un.*

1304 Historie cronologiche della vera origine di tutti Gl'ordini equestri &c. *Venetia*, 1672 *in-fol.*

1305 Histoire secrette des Templiers ou Chevaliers de Malthe. *Amst.* 1630, 2 *vol. in-12.*

1306 La même. *Amst.* 1730, 2 *vol. in-12.*

1307 Histoire des Chevaliers de Malthe, par M. l'Abbé de Vertot. *Paris*, 1726, 4 *vol. in-4. G. P. avec les portraits.*

1308 La même. *Amst.* 1742, 5 *vol. in 12. v. m. filets.*

1309 Mémoires sécrets. 1730, 3 *vol. in-12.*

1310 La porte ouverte pour parvenir à la connoissance du Paganisme caché, trad. en franç. par Thom. la Grue. *Amst.* 1670, *in-4.*

1311 Histoire critique de Manichée & du Manichéisme, par M. de Beausobre. *Amsterdam*, 1734, 2. *vol. in-4. mar. rouge.*

1312 Histoire de l'hérésie des Iconoclastes, & de la translation de l'Empire aux François, par Maimbourg. *Paris*, 1683, 2 *vol. in-12.*

1313 Traité des superstitions qui regardent les Sacremens selon l'Ecriture sainte, par J. B. Thiers. *Paris*, 1741, 4 *vol. in-12.*

1314 L'Eglise de France affligée par Franç. Poitevin. *Cologne*, 1688.... Le philosophisme des Jesuites de Marseille. *Avignon*, 1692, *in8.*

1315 Résolution sur certains Pourtraits & Libelles intitulés du nom de marmite, faussement imposé contre le Clergé de France. *Paris*, 1568, *in-8. mar. vert.*

1316 Relation de l'Inquisition de Goa. *Leyde*, 1687, *in-12. filets.*

1317 Discours sur les vies des Saints, de l'ancien Testament. *Paris*, 1732, *6 vol in-12*

1318 Les vies des SS. Peres des Déserts d'Occident. *Paris*, 1736, *3 vol. in-12. figures.*

1319 Les vies des SS. Peres des Déserts d'Orient. *Paris*, 1739, *2 vol. in-12. fig.*

1320 Vie de S. Thomas d'Aquin, par Touron. *Paris*, 1740, *in-4.*

1321 Relation de l'état de la Religion, & par quels desseins & artifices elle a été forgée & gouvernée en divers Etats de ces parties occidentales du monde, tirée de l'Angl. du Chevalier Edwin, Sandis. *Geneve*, 1626, *in-8. rel. en velin.*

Histoire ancienne.

1322 Histoire des Juifs écrite par Flavius Joseph, sous le titre des antiquités judaïques, trad. du gr. par Arnauld d'Andilly, enrichie de fig. en taille-douce. *Bruxelles*, *Frick* 1701, 5 *vol. in-8. mar. rouge.*

1323 Histoire des Juifs & des Peuples voisins, depuis la décadence des Royaumes d'Israël & de Juda, jusqu'à la mort de Jesus-Christ, par Prideaux, trad. de l'Anglois. *Amst.* 1744, 2 *vol. in-4. mar. rouge.*

1324 La même. *Amst.* 1754, *6 vol. in-12. mar.*

1325 Histoire ancienne des Egyptiens, des Carthaginois, &c. par M. Rollin. *Paris*, 1754, 14 *vol. in-12.*

1326 Les Hiſtoires d'Herodote traduit en franç. par du Ryer. *Paris*, 1713, 3 *vol. in*-12.

1327 Thucididis de bello peloponneſiaca Libri VIII. græc. Iidem latinè ex interpretatione Laur. Vallœ ab Henrico Steph. recognita. 1588, *in-fol.*

1328 Quinti Curtii Rufii Hiſtoriarum Libri accuratiſſimè editi. *Amſt. Elzevir*, 1670, *in*-32. *v. f. tr. dor.*

1329 Xenophontis opera quæ extant græc. & lat. J. Leuvenklaio interprete. *Baſileæ*, 1572, *in-fol.*

1330 Ejuſdem Xenophontis Opera græc. & lat. cum notis Henrici Stephani, Leuvanklaii, Æ. Porti & Erneſti ex recenſione Thom. Hutchinſon & Bolton ſimpſon. *Oxonii*, 1745, 2 *vol. in*-8. *ec. tr. dor.*

1331 La Ciropœdie ou Hiſtoire de Cyrus. trad. du grec de Xenophon, par M. Charpentier. *Paris*, 1749, 2 *vol. in*-12.

1332 Quinte Curce de la vie & des actions d'Alexandre le Grand, avec la trad. de Vaugelas, & les ſupplémens de Freinshemius trad. par du Ryer. *La Haye*, 1727, 2 *vol. in*-12.

1333 Hiſtoire des ſept Sages, par Larrey. *La Haye*, 1721, 2 vol. *in-8*. *v. f. filets.*

Hiſtoire Romaine.

1334 Hiſtoire Romaine, par les P. Catrou & Rouillé. *Paris*, 1727. 12 *vol. in*-4. *G. P.*

1335 Hiſtoire Romaine depuis la fondation de Rome juſqu'à la Bataille d'Actium, commencée par M. Rollin, & continuée par M. Crevier. *Paris*, 1752 8 *vol. in-4. v. f. tr. dor.*

1336 Histoire Romaine depuis la fondation de Rome jusqu'à la translation de l'Empire, par Constantin. *Amst.* 1754, 12 *vol. in-12.*

1337 Histoire de Polibe, nouvellement traduite du grec, par Don Vincent Thuillier, par M. Folard. *Amst.* 1759, 7 *vol. in-4.*

1338 Titi Livii Historiarum Libri ex recensione Heinsiana. *Lugd. Bat. Elzevir*, 1634, 3 *vol. in-12. mar. rouge.*

1339 Joh. Fred. Gronovii ad Titi Livii Patavini Libros superstites notæ. *Lugd. Bat.* 1645, *in-12.*

1340 Ejusdem Titi Livii Patavini Historiarum ab Urbe conditâ, Libri qui supersunt XXXV. cum supplementis Librorum amissorum à J. Freinshemio concinnatis, recensuit & notis illustravit J. B. L. Crevier. *Parisiis*, 1735, 6 *vol. in-4. G. P. ec. tr. dor.*

1341 Justini Historiæ philippicæ, ex recensione J. G. Grævii. *Amst. Westein*, 1722, *in-32, v. f. tr. dor.*

1342 L. Annæus Florus interpretatione & notis illustravit Anna Tanaquilli, Fabri filia, in usum Ser. Delphini. *Parisiis*, 1674, *in-4.*

1343 Ejusdem Annæi Flori rerum romanarum Libri IV. cum notis Jo. Isac. Pontani. *Amsterd. Westein*, 1736, *in-32. v. f. tr. dor.*

1344 M. Velleius Paterculus cum notis Gerardi Vossii. *Lugd. Bat. Elzevir*, 1639, *in-12. mar. rouge.*

1345 Apppian Alexandrin des guerres des Romains, trad. du grec en franç. par M. Odet Philippe, ſieur des Mares. *Paris*, 1656, *in-fol.*

1346 Caius Saluſtius Criſpus cum veterum Hiſtoricorum fragmentis. *Lugd. Bat. Elzevir*, 1634, *in-12. mar. rouge.*

1347 Ejuſdem Salluſtii quæ extant omnia cum notis Glareani, Rivii, &c. accedunt Jul. Exuperantius & Porcius Latro, cura Sigisb. Havercampii. *Amſterdam*, 1742, 2 *vol. in-4. ec. tr. dor.*

1348 Diſcours hiſt. & politiques ſur Saluſte, trad. de l'Anglois de Gordon, 1749, 2 *vol. in-12.*

1349 Caii Julii Cæſaris quæ extant, omnia Italicâ verſione è *M. S.* codice ad hodiernum ſtylum accommodata, cum tabulis æneis & notis variorum Opera Hermolai Albritii. *Venetiæ*, 1737, *in 4. fig. filets.*

1350 Hiſtoire de la vie de Jules Céſar. *Paris*, 1758, 2 *vol. in-12.*

1351 Tacite avec des notes politiques & hiſtoriques. par Amelot de la Houſſaye. *Paris*, 1724, 10 *vol. in-12. v. tr. dor.*

1352 Diſcours hiſtoriques, critiques & politiques ſur tacite, trad. de l'Anglois de Th. Gord., par M. D. S. L. (de Silhouete.) *Amſt.* (*Paris*,) 1751, 3 *vol. in-12.*

1353 Opere di G. Corn. Tacitto tradotte da Bern. d'Avanzati. *In Parigi*, 1760, 2 *vol. in-12. pap. d'Holl. v. f. tr. dor.*

1354 Caius Suetonius Tranquillus. *Pariſiis*, è *Typographiâ Regiâ*, 1644, *in-12.*

1355 Herodiani Hiſtoriarum Libri VIII. græc. & lat. cum notis J. Henr. Boecleri. acceſſit index Græc.

auctore Balt. Scheidio. *Argentorati*, 1662, *in*-8.

1356 L'Histoire de Herodian, des Empereurs Romains depuis Marcus, tournée de Grec en Lat. par Ange Politian; & de Latin. en François, par Jean Collin. *Lyon de Tournes*, 1546, *in*-18. *velin.*

1357 Histoire des grands chemins de l'Empire Romain, par Nicolas Bergier, enrichie de cartes & de figures. *Bruxelles*, 1729, 2 *vol. in*-4. *G. P.*

1358 Histoire des Empereurs Romains, depuis Auguste jusqu'à Constantin, par M. Crevier. *Paris*, 1750, 6 *vol. in*-4. *ec. tr. dor.*

1359 Histoire des Révolutions arrivées dans le gouvernement de la République Romaine, par M. l'Abbé de Vertot. *Paris*, 1752, 3 *vol. in*-12.

1260 Des mœurs & des usages des Romains. *Paris*, 1744, 2 *vol. in*-12.

1361 Observations sur les Romains, par l'Abbé de Mably. *Geneve* (*Paris*) 1751, 2 *vol. in*-12. *filets.*

1362 Ragionamento sopra la durata de regni de Re di Roma. *In Firenze*, 1746, *in*-12. *ec. tr. dor.*

1363 Trattato delle famiglie principali di Roma fatto da P. de Sebastiani Romano. *in*-4. *Ms.*

Histoire d'Italie.

1364 Della Istoria d'Italia di M. Francesco Guicciardini. *In Venezia*, *Pasquali*, 1738, 2 *vol. in-fol. G. P. ec. tr. dor.*

1365 Castruccii Bonamici Commentatiorum de bello Italico. *Lugd. Batav.* 1750, 3 *vol. in*-4. *ec. tr. dor.*

1366 Istoria civile de regno di Napoli di Pietro Giannone. *Haia*, 1753, 4 *vol. in*-4. *ec. tr. dor.*

1367 Histoire civile du Royaume de Naples, trad. de l'Italien de Gianonne. *La Haye*, 1742, 4 *vol. in*-4.

1268 Continuazione delle vite de re di Napoli Scritta per Biancardi. *In Venezia*, 1739, *in*-4. *ec. tr. dor.*

1369 Histoire de la révolution du Royaume de Naples, dans les années 1647 & 1648, par Mlle. de Lussan. *Paris*, 1757, 4 *vol. in*-12

1370 Vita di Don Pietro Giron Duca d'Offuna Vicere di Napoli è di Sicilia Scritta da Gregorio Leti. *Amst.* 1708, 3 *vol. in*-12. *figures.*

1371 Historia Venetiana di P. Paruta. *In Venetia*, 1645, *in*-4.

1372 Historia della Republica Veneta di Nani. *In Bologna*, 1680, *in*-4.

1373 Metodo per istudiare con brevita, le Storie di Firenze del Manni. *In Firenze*, 1755, *in*-8. *filets.*

1374 Istoria delle guerre della Republica Fiorentina scritta da Bened. Varchi. *In Leida*, *in-fol. filets.*

1375 Memorie del Card. Bentivoglio. *In Venetia*, 1648, *in* 4. *rel. en velin.*

1376 Les délices de l'Italie. *Paris*, 1707, 4 *vol. in*-12.

1277 Les délices de l'Italie, contenant une description exacte du Pays, des principales Villes de toutes les antiquités & de toutes les raretés qui s'y trouvent, avec figures en taille-douce. *Amst.* 1743, 4 *vol. in*-12.

1378 L'Italie illustrée, en CXXXV. figures en taille-douce, dessinées & gravées par les plus fameux Graveurs, avec l'explication en Ital. Lat. & Franç. *Leide*, 1757, 2 *vol. in-fol. ec. tr. dor.*

1379 Théatre des Etats de S. A. R. le Duc de Savoye Prince de Piemont, &c. Trad. du Lat. en Franç. *La Haye*, 1700, 2 *vol. in-fol. C. M. fig.*

1380 Histoire de la derniere révolution de Genes, avec une Carte de la Ville & de ses environs. *Geneve*, 1758, 2 *vol. in-12.*

HISTOIRE DE FRANCE.

Histoire générale.

1381 Histoire de l'Ancien gouvernement de la France, par M. le Comte de Boulainvilliers. *La Haye*, 1727, 4 *vol. in-12. v. f. tr. dor.*

1382 Les Monumens de la Monarchie Françoise qui comprennent l'Histoire de France avec les figures de chaque régne, que l'injure du tems a épargnées, par Dom. Bernard de Montfaucon. *Paris*, 1729, 5 *vol. in-fol.*

1383 Annales de la Monarchie Françoise, depuis son établissement jusqu'àprésent, par Limiers. *Amst.* 1724, *in-fol. G. P. v. f. tr. dor.*

1384 Histoire de France depuis Faramond jusqu'à maintenant, par F. E. de Mezerai. *Paris. Guillemot*, 1643, 3 *vol. in-fol. mar. bleu. dentelle.*

1385 Histoire de France depuis l'établissement de la Monarchie jusqu'au régne de Louis XIV. par M. l'Abbé Velly. Paris, 1757, 8 *vol. in-12.*

1386 Nouvel. abrégé chronol. de l'Histoire de France (par M. le Présid. Henault.) orné de vignettes & fleurons, en taille-douce, dessinées & gravées par M. Cochin, avec les portraits d'Odieuvre. *Paris*, 1749, *in-4. G. P. mar. rouge. dentelle.*

1387 Le même. *Paris*, 1752, *in-8. ec. filets.*

1388 Le même. *Paris*, 1759, 2 *vol. in-8.*

1389 Les Mémoires & recherches de J. Dutillet. contenant plusieurs choses mémorables pour l'intelligence de l'état des affaires de France. *Troyes*, 1578, *in-8. mar. citr.*

1390 Histoire des révolutions de France, avec des remarques critiques, par M. de la Hode. *La Haye*, 1738, *in 4.*

1391 La même. *La Haye*, 4 *vol. in-12.*

Histoire particuliere de France sous différens Regnes jusqu'à François second.

1392 Histoire de France sous les régnes de S. Louis, de Philippe de Valois, du Roi Jean, de Charles V. & de Charles VI. par M. l'Abbé de Choisi. *Paris*, 1750, 4 *vol. in-12.*

1393 Histoire & regne de Charles VI. par Mlle. de Lussan. *Paris*, 1753, 9 *vol. in-12.*

1394 Mémoires pour servir à l'Histoire de France & de Bourgogne, contenant un Journal de Paris, sous les régnes de Charles VI. & de Charles VII. *Paris*, 1729, *in-4.*

1395 Mémoires de Philippe de Commines, Seigneur d'Argenton, contenant l'histoire des Rois

Louis XI. & Charles VIII. depuis l'an 1464, jusqu'en 1498, revus & corrigés par Denis Sauvage. *Leyde*, *Elzevir*, 1648, *in-12. rel. en velin.*

1396 Les mêmes, augmentés par Denis Godefroy. *Bruxelles*, 1714, 4 *vol. in-8.*

1397 Les mêmes, augmentés par l'Abbé Langlet du Fresnoy, *Paris*, 1747, 4 *vol. in-4. G. P. ec. filets.*

1398 Histoire de Louis XI. par M. Duclos. *La Haye* (*Paris*). 1748, 3 *vol. in-12.*

1399 Histoire & regne de Louis XI. par Mlle. de Lussan. *Paris*, 1755, 6 *vol. in-12.*

1400 Mémoire de Martin & Guillaume Dubellay-Langei, par M. l'Abbé Lambert. *Paris*, 1753, 7 *vol. in-12.*

1401 Ordre tenu & gardé en l'Assemblée des trois Etats en la Ville de Tours. *Paris*, *Galliot du Pré*, 1558, *in-4. Gothique.*

1402 Commentaires sur le fait des dernieres guerres en la Gaule Belgique entre Henry second, très-Chrétien Roy de France & Charles cinquieme, Empereur. *Paris*, 1555, *in-4.*

1403 Continuation des Commentaires des dernieres guerres en la Gaule Belgique, entre Henri II. & Charles V. *Paris*, *Vascosan*, 1559, *in-8.*

Regnes de François II. & de Charles IX.

1404 Commentaires de l'Estat de la Religion & République soubs les Rois Henry & François second & Charles neufieme [par la Place]. 1565, *in-8. v. f. tr. dor.*

1405 Histoire des choses mémorables avenues en France depuis l'an 1547, jusqu'au commencement de 1597, sous le regne de Henri II. François II. Charles IX. Henri III. & Henri IV. 1599, *in*-8.

1406 Mémoires de Condé, ou Recueil pour servir à l'Histoire de France, contenant ce qui s'est passé de plus mémorable dans ce Royaume sous les regnes de François II. & Charles IX. *Londres*, 1740, 6 *vol. in*-12.

1407 Les mêmes, (publiés par M. l'Abbé Lenglet Dufresnoy). *La Haye*, (*Paris*). 1743, 6 *vol. in*-4 *G. P. ec. filets*.

1408 Histoire universelle de Jac. Aug. de Thou, depuis 1543, jusqu'en 1607, trad. du Lat. (par l'Abbé Desfontaines) *Londres* [*Paris*] 1734, 16 *vol. in*-4. *G. P. ec. filets.*

1409 Historia delle guerre civili di Francia di Henr. Cat. Davila. *In Venetia* 1676, *in*-4. *filets.*

1410 La medesima. *In Venetia*, 1733, 2 *vol. in-fol. G. P.*

1411 Histoire des guerres civiles de France, sous les regnes de François II. Charles IX. Henri III. & Henri IV. trad. de l'Italien de Davila, par M***. (Mallet) *Amst.* (*Paris*). 1754, 3 *vol. in*-4. *G. P. ec. filets.*

1412 Les Mémoires de Messire Michel de Castelnau, avec les Commentaires par J. le Laboureur. *Bruxelles*, 1731, 3 *vol. in-fol. ec. filets.*

1413 Discours des presages & miracles advenus en la personne du Roi & parmi la France, dès le commencement de son regne, par F. de Belle-Forest. *Paris*, 1568, *in*-8. *ec. filets.*

1414 Discours merveilleux de la vie, actions & déportemens de Catherine de Médicis, Roine-Mere. 1649, *in*-12. *filets*.

1415 La vraie Histoire, contenant l'inique jugement & fausse procédure faite contre le serviteur de Dieu, Anne du Bourg, Conseiller pour le Roi, en la Cour du Parlement de Paris, 1561, *in*-12.

1416 Mémoires de l'Etat de France sous Charles IX. *Meidelbourg*, 1576, 3 *vol. in*-8.

1417 Mémoires de la troisieme guerre civile, & des derniers troubles de France, Charles IX. regnant. (Par Jean de Serres). 1570, *in*-8.

1418 Mémoires de la troisieme guerre civile & des derniers troubles de France sous Charles IX. 1571, *in*-12.

1419 La vraie & entiere Histoire des troubles & choses mémorables advenues, tant en France qu'en Flandres & pays circonvoisins depuis l'an 1562. *Basle*, 1759, 2 *tom. en un vol. in*-8.

1420 Les massacres de la Ligue, représentés en figures en taille-douce. *In-fol. couv. en vel.*

1421 Le Tocsain contre les massacreurs & auteurs des confusions en France adressé à tous les Princes Chrétiens. *Reims*, 1579, *in*-8. *mar. roug*

1422 Discours au vrai & en abrégé de ce qui est dernierement advenu à Vassy, y passant Monseigneur le Duc de Guise. *Paris*, 1562, *in*-8.

1423 Déclaration faicte par le Prince de Condé, pour montrer les raisons qui l'ont contraint d'entreprendre la défense de l'autorité du Roy, 1564, ... Discours entier de la persécution & cruauté exercées en la Ville de Vassy, 1563, *in*-12.

1424 Histoire de notre tems, contenant un recueil des choses mémorables passées & publiées pour le fait de la Religion & Etat de la France depuis l'Edit de pacification du 23 Mars 1568 jusqu'aprésent. 1570, *in-8. rel. en vel.*

1425 Edict du Roi sur la pacification des troubles de ce Royaume. *Paris*, 1570. Plus 29 Pieces du même tems. *In-8.*

1426 Le réveil-matin des François & de leurs voisins, composé par Eusebe Philadelphe, Cosmopolite, en forme de Dialogues. *Edimbourg*, 1574, *in-12.*

1427 Edit du Roi sur le fait de la Religion, publié en la Cour de Parlement, à Paris le dernier jour de Juillet 1561. . . . Edit du Roi Charles IX. sur les moyens d'appaiser les troubles & séditions survenues pour le fait de la Religion, *Paris*, 1562. . . . Déclaration du Roi sur le fait & police de la Religion. *Paris*, 1562. . . . . . Advertissemens sur la réformation de l'Université de Paris au Roy, 1562. . . . Le Secret & Mystere des Juifs jusques aprésent caché, & maintenant mis en lumiere, par François le Fevre. *Paris*, 1562. . . . Lettres-Patentes de Déclaration du Roi, contre ceux qui ont pris les armes sans sa permission. *Paris*, 1562. . . . . Discours sur la liberté ou captivité du Roy. . . Discours sur le bruit qui court, que nous aurons la guerre à cause de la Religion, 1562. . . Des différens & troubles advenants entre les hommes par la diversité des opinions en la Religion, par Loys le Roy. *Paris*, 1562. . . . . La probation de l'usaige d'avoir Images de J. C.

& de ses Saincts & Sainctes. *Paris.* . . . Epître envoyée à un Quidam, fauteur des nouveaux Evangéliques. *Paris.* . . . Les Articles concernans la vraye Religion & saincte Foy Catholique. *Paris*, 1562. . . . Confession Catholique du sainct Sacrement de l'Autel. *Paris*, 1562..... Histoire comprenant en brief, ce qui est advenu depuis le partement des Srs. de Guise, Connestable, & autres de la Cour, estant à St. Germain jusques à ce temps. *Orleans*, 1562. . . . . . Advertissement sur la fausseté de plusieurs mensonges semés par les rebelles. *Paris*, 1562, *in*-12.

Regne de Henri III. & Henri IV.

1428 Histoire de Henri III, par Varillas. *Paris*, 1695, 6 *vol. in*-12. *v. m. filets.*

1429 Journal de Henri III, ou Mémoires pour servir à l'Histoire de France, par P. de l'Estoile, avec des remarques. *La Haye* (*Paris*) 1744, 5 *vol. in*-8.

1430 Description de Lisle des Hermaphrodites nouvellement découverte, pour servir de Supplément au Journal de Henri III. *Cologne*, 1724, *in*-8.

1431 Recueil de diverses Piéces servant à l'Histoire de Henri III. *Cologne*, 1693, 2 *vol. in*-12.

1432 La fatalité de St. Cloud près Paris, *in*-12.

1433 Les Mémoires de la Ligue. 1590, 6 *vol. in*-8.

1434 Mémoires de la Ligue, contenant les Evénemens les plus remarquables de 1576. jusqu'à la Paix accordée entre le Roi de France & le

Roi d'Espagne en 1598. *Amst.* (*Paris*) 1758, 6 *vol. in-4. G. P. ec. filets.*

1435 Recueil de Piéces concernant la Ligue, *in-12. rel. en vel.*

1436 Le Boutefeu des Calvinistes. *Francfort*, 1584. . . . Double d'une Lettre envoyée à un certain personnage, contenant le discours de ce qui se passa au cabinet du Roi de Navarre lorsque le Duc d'Espernon fut vers lui en l'an 1584. *Francfort*, 1585, *in-12.*

1437 Deux Devis d'un Catholique & d'un politique sur l'exhortation faite au Peuple de Nantes pour jurer l'union des Catholiques, par J. le Bossu. *Nantes*, 1689. . . . Sermon funébre pour l'anniversaire des Sts. Henry & Loys de Lorraine, prononcé à Nantes le 22 Décembre 1589. *Nantes*, 1590, *in-8.*

1438 Sermons de la simulée conversion & nullité de la prétendue absolution de Henri de Bourbon, Prince de Bearn, par Jean Bouchet, 1594. . . . Le Banquet & Après-dîné du conte d'Arete, où il se traite de la dissimulation du Roi de Navarre & des mœurs de ses Partisans, par d'Orleans. *Arras*, 1594. . . . Discorso & relatione verissima di quanto è seguito nelle conferenze tenute tra i deputati da Monsignor il Duca d'Umena, è i deputati da Monsignori li Principi, Prelati è altri Catolici che Seguono il partito del Re di Navarra. *in Torino*, 1593, *in-8.*

1439 Discours & rapport véritable de la Conférence tenue entre les Députés de la part de M. le Duc de Mayenne & Etats Généraux assemblés à Paris; avec

avec les Députés des Princes, Prélats & autres Catholiques étant du parti du Roi de Navarre. *Troyes*, 1593, *in*-12.

1440 Satyre Menippée de la vertu du Catholicon d'Espagne & de la tenue des Etats de Paris. *Ratisbonne*, 1664, in-12. *mar. citron.*

1441 La même. *Ratisbonne*, 1699, *in*-12.

1442 La même. *Ratisbonne*. 1709, 3 *vol. in*-8. *mar. rouge.*

1443 Discours de tout ce qui s'est passé à la prise de la Ville de Paris. *Tours*, 1594. . . . La Réjouissance des femmes sur la défense des Tavernes & Cabarets. *Paris*, 1613. . . . Lettre de Jacques Bon-Homme Paysan, à Messeigneurs les Princes retirés de la Cour. *Paris*, 1614. . . . Foucade aux Etats, par Gabriël le Bienvenu, 1615.. Tombeau de la Polette, 1615. . . L'Ombre du Duc de Mayenne au Duc son fils. *Bordeaux*, 1615. . . . Le Croquant de Poictou, 1615. . . Les Nouvelles de l'autre monde, envoyées par Charron aux mauvais François, par l'esprit d'un Carabin qui lui fut envoyé par la fureur d'un Villageois désesperé, 1615. . . . Gazette sur la culbute des Coyons, en vers, 1617. . . Le Bourgeois, *Tours*, 1619. . . . Réponse du Paysan au libelle intitulé : le Bourgeois. *Paris*, 1619... Requête présentée au Roi, par M. de Luynes, 1619. . . . Les Avantures du Baron de Fœneste, troisiéme Partie. *Maillé*, 1619. . . Prologo nel felicissimo ritorno di S. M. C. a Parigi di Gio. Bat. Andreini, 1622. . . Le Hérault François, 1622. . . La louange & l'utilité des Bottes, par le Cheval. Rozandre. *Paris*, 1622...

Le Qué, dit-on de la Cour, 1622. . . Pasquin de la Cour, pour apprendre à discourir & s'habiller à la mode, en vers, 1622. . . . Le Procès, plaintes & informations d'un moulin à vent de la porte St. Antoine contre le Sieur Tabarin, touchant son habillement de toile neuve avec larrot des Meuniers, prononcé en jaquette blanche. *Paris*, 1622. . . . La nouvelle Mode de la Cour, ou le Courtisan à la négligence & à l'occasion, en vers. *Paris*, 1622. . . Les Pseaumes des Courtisans, 1620. . . La descente de Tabarin aux enfers, 1621. . . . Les Drogues admirables du merveilleux Opérateur des Isles non-découvertes des royaumes des invisibles, avec la résolution des Servantes qui veulent coucher au grand lit avec leur Maître, en dépit de leur Maîtresse.. La Pourmenade du pré aux Clercs, 1622... Le Satyrique renversé, 1622... La Rubrique & Fallace du monde, en vers, 1622... Discours de l'origine, des mœurs, fraudes & impostures des Charlatans, 1622... Le Pseautier des Courtisans, 1622. . . La Foire St. Germain, en vers burlesques, par Scarron. . . . Agréable recit de ce qui s'est passé aux dernieres barricades de Paris, en vers. . . . Les grands jours tenus à Paris, par Muet, avec la réponse, 1622... Discours des Cautelles, ruses & finesses des femmes à l'endroit des hommes légers d'esprit. . . . La réformation de ce Royaume, 1623. . . . Conception du petit Civriat des songes de son Pere, en vers, 1623. . . . Le Pasquil du rencontre des Cocus à Fontainebleau, en vers, 1623. . . . La rencontre de Monsieur de Vendôme avec un Payſan. . . . Les Prédictions merveilleuſes, horribles & épouvantables pour les années 1626, 1627 & 1628. *Paris* 1625... Les juſtes plaintes faites au Roi par les Cabaretiers de la Ville de Paris, 1625. . . . Plaintes vulgaires, juſtes & négligées, 1625. . . Le remerciement des Porteurs d'eau aux Bourgeois de Paris, 1625. . . . L'Eventail ſatyrique, en vers, 1625. . . . Le Courtiſan à la mode. . . Les plaiſantes ruſes & caballes de trois Bourgeoiſes de Paris, 1627. . . Entretien des bonnes Compagnies. . . Le Philotemis. . . Les actions du temps, 1622, *in*-8.

1444 La Legende de Charles, Cardinal de Lorraine & de ſes freres, de la maiſon de Guiſe, décrite en trois livres, par Fr. de Liſle. *Reims*, 1579, *in*-12.

1445 Legende de Domp Claude de Guiſe, 1581, *in*-12.

1446 Le Reveil-matin & mot du guet des bons Catholiques, *Douay*, 1591. . . Le Martyre des deux Freres, le Cardinal & Duc de Guiſe, 1580. . . . Legende dorée ou Sommaire de l'Hiſtoire des Freres Mendians, de l'Ordre de Dominique & de François. *Leyde*, 1608. . . . Le Moine au ſurveillant endormi. . . La Délégation des Religieux, ou examen de la puiſſance légitime qu'ont les Religieux Mendians & autres Privilégiés d'entendre les Confeſſions des Seculiers. *Paris*, 1623. in-8.

1447 Aphoriſmes ou ſommaires de la doctrine des Jeſuites & de quelques-autres de leurs Docteurs, 1610. . . Remontrance faite au Roi

Henri le Grand, par MM. du Parlement le 24 Décembre 1703, pour le dissuader de l'Edit par lequel les Jesuites ont été depuis rappellés & rétablis en France, 1610... Prosopopée de la Pyramide du Palais... Complainte au Roi sur la Pyramyde... A la Reine Regente, & à Nosseigneurs les Princes & Seigneurs du Conseil Remontrance de l'Université pour qu'on n'accorde point aux Jesuites qu'ils instruisent aux Lettres la Jeunesse à Paris... Anti-coton ou refutation de la Lettre déclaratoire du P. Coton, 1611... Le remerciemet des Beurieres de Paris au sieur de Courbouzon de Montgommery, 1610... Remontrance à Mrs de la Cour de Parlement sur le parricide commis en la personne du Roi Henri le Grand, 1610... Le tocsin au Roi, à la Reine Régente, aux Princes du Sang, &c. contre le Livre de la puissance temporelle du Pape, mis en lumiere par le Cardinal Bellarmin, par la Statue de Memnon, 1610... Arrêt de la Cour de Parlement, ensemble la censure de la Sorbonne contre le livre de Jean Mariana, intitulé de Regis & Rege Institutione, 1610... La Doctrine de J. C. N. S. & celle de Robert, Card. de Bellarmin, Jesuite, touchant les Rois & les Princes, 1611... Lettre de M. de Rosny à la Reine Régente, 1611... Les sensibles regrets des Jesuites au sujet de l'attachement de M. l'Archevêque de Paris, à soutenir son nouveau Bréviaire, avec la réponce de ce Prélat aux Jesuites, 1727... Ode Pindarique sur la destruction du Monastère de Port-Royal-des-Champs. *in-12.*

4448 Caroli Molinæi, Jurisconsulti, consultatio

an Jesuistæ sint recipiendi in Regno Franciæ, & admittendi in Universitate Parisiensi, 1594... Plaidoyer de feu M. l'Avocat du Mesnil & la Cause de l'Université de Paris & des Jesuites. *Paris*, 1559... Le Plaidoyer de M. Pasquier, pour l'Université de Paris, Défenderesse contre les Jesuites, Demandeurs, & Requête, 1594... Plaidoyer de Me. Versoris pour les Prebstres & Escoliers du Collége de Clermont fondé en l'Université, Demandeurs, 1594... Défenses de ceux du Collége de Clermont, contre les Requêtes & Plaidoyers contr'eux, ci-devant imprimés & publiés 1594... Arrêt de la Cour de Parlement contre Jean Chastel, Ecolier étudiant au Collége des Jesuites, pour le parricide par lui attenté sur la personne du Roi, *Paris*, 1595... Plaidoyer de M. L. Dollé pour les Curés de la Ville de Paris, Demandeurs contre les Jesuites, Défendeurs, des 13 & 16 Juillet 1594... Plaidoyer sur lequel a été donné contre les Jesuites l'Arrêt du 16 Octobre 1597, inséré à la fin d'icelui, *Paris*, 1597... Plaidoyer de M. Ant. Arnauld, pour l'Université de Paris, Demanderesse contre les Jesuites, Défendeurs des 12 & 13 Juillet 1594, *Paris*, 1594... Plaidoyer de M. P. de la Marteliere pour le Recteur & Université de Paris, Défendeurs, contre les Jesuites requérans l'entérinement des Lettres-Patentes par eux obtenues de pouvoir lire & enseigner en ladite Université, *Paris*, 1612... Articles de rétablissement & rappel des Jesuites en France, avec l'Arrêt rendu contr'eux par la Cour le 23 Décembre 1611, *in*-12.

1449 La Guisiade, Tragédie en laquelle au vrai & sans passion est représenté le massacre du Duc de Guise. *Sur l'Imprimé à Lyon*, 1589, *in*-8. *mar. rouge.*

1450 Les Mémoires de feu M. le Duc de Guise. *Paris*, 1668. *in*-12.

1451 Moyens d'abus, entreprises & nullités du rescript & Bulles du Pape Sixte V. contre le Sérénissime Prince Henri de Bourbon, Roi de Navarre, par un Catholique, Apostolique, Romain, mais bon François. *Cologne*, 1686, *in*-12.

1452 Discours politiques & militaires du Seigneur de la Noue, nouvellement recueillis & mis en lumiere. *Geneve*, 1587, *in*-4. *mar. rouge.*

1453 La vie de François, Seigneur de la Noue, dit Bras-de-fer, par Moise Amirault. *Leyde*, *Elzevir*, 1661, *in*-4.

1454 Discours de la divine Election du très-chrétien Henri, Roi de France & de Navare, par G. R. N. *Tours*, 1590, *in*-12.

1455 Décade contenant la vie & les gestes d'Henri le Grand, par le Grain. *Rouen*, 1633. *in*-4.

1456 Histoire du Roi Henri le Grand composée par Hardouin de Perefixe. *Amst. Elzevir*, 1661, *in*-12. *rel. en velin.*

3457 Journal du Régne d'Henri IV. par P. de l'Etoile, avec des remarques hist. & politi. du Chevalier C. B. A. *La Haye*, (*Paris*,) 1751, 4 *vol. in*-8.

1458 Mémoires de Maximilien de Bethune, Duc de Sully, mis en ordre avec des remarques, par M. L. D. L. (par l'Abbé de l'Ecluse.) *Londres*, (*Paris*,) 1747, 4 *vol. in* 4. *G. P. ec. filets*

1459 La mort d'Henri le Grand, découverte à Naples en 1608, par P. Dujardin, sieur & Capitaine de la Garde, natif de Rouen, détenu ès prisons de la Conciergerie du Palais à Paris. *Paris*, 1619, *in*-12.

1460 Recueil de divers Mémoires, Harangues, Remontrances & Lettres servans à l'Histoire de notre temps. *Paris*, 1723, *in*-4.

1461 Quatre excellens discours, sur l'état présent de la France. 1595 *in*-8. *rel en vel.*

1462 Discours sur la mort de M. le Président Brisson, ensemble les Arrêts donnés à l'encontre des Assassinateurs. *Paris*, 1595, *in*-12.

3463 Réponse à un Ligueur masqué du nom de Catholique Anglois, par un vrai Catholique, bon François, 1587, *in*-8. *rel. en velin.*

1464 Dialogue d'entre le Maheustre & le Manant, contenant les raisons de leurs débats en ces présens troubles au Royaume de France. 1594, *in*-12.

1465 Apologie pour Jean Chastel exécuté à mort, & pour les Peres & Ecoliers de la Compagnie de Jesus, bannis du Royaume de France, contre l'Arrêt de Parlement donné contr'eux à Paris le 29 Décembre 1594, par François de Verone. 1595, *in*-12.

1466 Anti-cotton avec des remarques, & une dissertation hist. & crit. sur ce fameux Ouvrage.

La Haye, 1738, *in*-12. *v. f. filets*.

1467 Lettres du Cardinal Doſſat, au Roi Henri le Grand, & à M. de Villeroi, depuis l'année 1594, juſqu'à l'an. 1604. *Paris*, 1624, *in-fol.*

1468 Les négociations de M. le Préſident Jeannin. *Jouxte la Copie de Paris*, 1659, 2 *vol. in*-12. *rel. en velin.*

1469 Lettres d'Henry IV. & de Mrs. de Villeroi & de Puiſieux à M. de la Boderie. *Amſt.* 1733, 2 *vol. in*-8. *mar. rouge.*

1470 Ambaſſade de M. de la Boderie en Angleterre ſous les régnes d'Henry IV. & la minorité de Louis XIII. 1750, 5 *vol. in*-12.

1471 Les avantures du Baron de Fœneſte (par Theod. Agrippa d'Aubigné). *Au Dezert*, 1640, *in*-8.

1472 Les mêmes, avec des remarques hiſtoriques. *Amſt.* 1731, 2 *vol. in*-12. *v. f. filets.*

1473 Mémoires des avantures ſingulieres de la Cour de France .... Les Conquêtes amoureuſes du grand Alcandre dans les Pays-bas, avec les intrigues de ſa Cour. *Cologne*, 1684, *in*-12.

1474 Vie de Louis Balbe-Berton de Crillon, ſurnommé le Brave (par Mlle. de Luſſan). *Paris*, 1757, 2 *vol. in*-12.

Regne de Louis XIII.

1475 Hiſtoire du regne de Louis XIII. par Michel le Vaſſor. *Amſt.* 1750, 18 *vol. in*-12. *v. f. tr. dor.*

1476 La même. *Amſt.* (*Paris.*) 1757, 7 *vol. in*-4. *ec. filets.*

1477

1477 Hiſtoire de la mere & du fils, par Franç. Eudes de Mezerai. *Amſt.* 1730, *in*-4.

1478 Diverſes pieces pour la défenſe de la Royne mere du Roy très-Chrétien Louis XIII. faites & revues par Meſſire Math. de Morgues. 1643, *in*-8.

1479 Mémoires du Cardinal de Retz, de Gui Joli & de la Ducheſſe de Nemours. *Geneve* (*Paris*). 1751, 7 *vol. in*-12.

1480 Hiſtoire du Miniſtere du Cardinal de Richelieu. *Paris* [*Holl.*] 1650, 2 *vol. in*-12. *rel. en vel.*

1481 La vie du Cardinal Duc de Richelieu, par M. le Clerc. *Amſt.* [*Paris*]. 1753, 5 *vol. in*-12.

1482 Teſtament politique du Card. de Richelieu. *Amſt.* 1688, 2 *vol. in*-12. *filets.*

1483 Le remerciement des Beurrieres de Paris au ſieur de Courbouzon-Montgommery, 1610 ... Le premier coup de la retraite contre le Tocſin ſonné par la ſtatue de Memnon, 1611 .... La doctrine de J. C. & celle de Robert Bellarmin Jeſuite, touchant le Roi & les Princes ... Le Pater noſter des Jeſuites, en vers, 1611 ... Le Credo des Catholiques, en vers ... Le Confiteor des Catholiques, en vers, 1611 ... De Henri le grand, en vers ... La Patenoſtre des Prétendus & réformés Calviniſtes, en vers, 1611 ... La Patenoſtre des Huguenots adreſſée au Prince de l'Enfer, en vers, 1611 ... Le Pater noſter des Catholiques, en vers, 1611 ... l'Ave Maria des Catholiques avec la ſuite, en vers, 1611 .... Le Credo des Jeſuites, en vers, 1611 ... Les Commandemens aux Catholiques, en vers ... Complainte à la Royne mere, faicte par le Soldat Catholique, 1611 ... Le franc & royal advis du Chevalier Catholique, en vers, 1611...... Le bouquet de fleurs d'épine, en vers, 1611... Arrêt de la Cour de Parlement, contre le très-méchant Parricide François Ravaillac, 1610. ... Salutation Angélique, ou advis dédié à la Royne, en vers, 1611 .... Lettre de M. de Rosni, à la Royne-Régente, 1611 ... Réprimande & justes remontrances du fidele Catholique, en vers, 1611 ... Le passe-tems de M. Guillaume, 1611. *in*-12.

1484 La Carabinade du mangeur de bonnes-gens, à Mrs. de Poictiers. 1614, *in*-12. *ec. filets.*

1485 L'Ephyalte, ou l'orgueil humilié, trad. de l'Espagnol en François. *Rouen*, 1622 ... Francophyle, présentée au Roi sur la résolution de son voyage, par le sieur Mangeart, 1622 ... La derniere résolution du Roi & de son Conseil sur les affaires & mouvemens de ce tems. *Paris*, 1622... La derniere Requête des Députés de Montauban au Roi, sur la résolution de son partement .... Advis au Roy pour facilement prendre Montauban, la Rochelle & autres villes, occupées par les rebelles ... Harangue au Roi, prononcée à Beziers, le 20 Juillet 1622, par P. de Fenollet, Ev. de Montpellier .... Manifeste de M. de Chatillon contre les calomnies des rebelles & ennemis du Roy. *Paris*, 1622 ... La trempe des armes du Roy, *Paris*, 1621 ... Protestation & derniere résolution du Roy d'Angleterre, protecteur & défenseur des Eglises Réformées, 1622 ... La Chasse au vieil Grognart de l'antiquité, 1622 ... La Pourmenade du pré aux Clercs , 1622... Le Courier du tems... Les visions & songes de l'Hermite du Mont-Valerien, adressé aux bons François de ce tems.. Le Pseautier des rebelles de ce tems.. Le Deprofundis sur la mort de Luyne... Les Matines de la Cour, faites par un bon François sur les trahisons découvertes par M. de Luynes.... Le Comtadin Provençal.. L'horoscope du Connestable, avec le passe-par-tout des favoris... Le génie des mal-fortunés... L'estonnement de la cour de l'esprit qui va de nuit... L'ombre de M. le Connestable, apparue à Mrs. ses freres... Méditations d'un Avocat de la Rochelle.. Méditation d'un Avocat de Montauban, sur les mouvemens de ce temps... L'enfer de l'Avocat de Montauban... Apologie pour le Roy en réponse aux calomnies & méditations injurieuses de l'Avocat de Montauban... L'anti-manifeste François... Le Que dit-on de la Cour... Le court bouillon des Rebelles, accomodé à la sausse des Reistres d'Allemagne... Le manifeste de M. de Bouillon, à Mrs. de la Religion.. Les actions du tems... La Métamorphose des rebelles de Montauban, présentée au Roy... Le Courrier fidelle envoyé à la noblesse Françoise.. Remontrances des fideles serviteurs du Roy de la Religion Réformée, à Mrs. les Députés en l'assemblée de la Rochelle... Brief discours d'Estat au Roy. 1622, *in*-8.

1486 La descente du Marquis d'Ancre aux enfers, son combat & sa rencontre avec Me. Guillaume. *Paris*, 1617... Factum sur la mort de M. le Connestable... Les rêveries de la Royne, en vers,

1620 . . . L'abſcès de M. d'Epernon, percé par un de ſes amis. *Paris*, 1619 . . . Noëls, enſemble le Paſquin des Chevaliers. 1620 . . . Plaintes de l'épée de M. le Conneſtable, en vers . . . Le Confiteor de M. le Conneſtable, avec le Tombeau du même. 1622. . . Le Deprofundis, ſur la mort de Luynes, en vers. 1622 . . . L'Echo Dauphinois . . . L'ombre de M. le Duc de Mayenne. 1622 . . . Le Geant François. 1622 . . . La magie des Favoris . . . Les viſions & ſonges de l'Hermite du Mont-Valerien. 1622 . . . Apologie Royale, en vers. 1622 . . . L'enfer de l'Avocat de Montauban, en vers. 1622 . . . La voix publique au Roy. 1624 . . . La France au déſeſpoir. *Deux parties*. . . . L'innocence des Financiers & leurs équitables offres. 1624 . . . . Le mot à l'oreille du Marquis de la Vieiville. 1624 . . . . Les Hipocondriaques de la Cour. 1624 . . . La Métempſicoſe, ou deuxieme vie de M^e. Guillaume au monde . . . La rencontre de l'ombre du Duc de Savoye, avec celle du Marquis de Spignola en l'autre monde. 1530 . . . . Voilà la rencontre de Jean de Vert, avec le Marquis de Spignola dans les Champs Eliſées. 1627 . . . . Pluſieurs pieces de Theophile. *in*-8.

1487 Lettre envoyée au Duc de Guiſe, par la Martegalle, Sibille de ce temps, ſur la Mort du Marquis d'Ancre. *Rouen*, 1617 . . . Et autres piéces concernant la guerre faite aux P. R. . . Le Siege de la Rochelle, de Montauban, &c. *in*-8.

1488 Avertiſſement pieux & très-utile des Freres de la Roſe-Croix, *Paris*, 1622. . . Diſcours ſur le Cheval de Bronze qui a été trouvé au Royaume de Naples, avec une prophétie qui s'est trouvée dedans... La rencontre du Duc de Bouillon, avec Henri le Grand, en l'autre monde, 1623... Inventaire général de tout ce qui s'est passé en Europe depuis 1623, jusqu'à présent... Le voyage de Fontainebleau, fait par Bautru & Desmarets... La Camarade de l'Ante-Christ, ou le moyen d'aller en enfer par le chemin du Paradis... La naissance de l'Ante-Christ en Babylone, 1623... Attestation de la nativité de l'Ante-Christ par les Chevaliers de Malthe... La prise de Théophile, 1623... Le scandale des Ministres, par Dumoulin, 1623... L'Ecole des Ministres renversée, 1522... Execrable massacre arrivé en la Ile de Montpellier... Lettre sur l'étrange mort du Grand Turc, 1622... Récit véritable de la mort du Duc de Rohan 1622... Le De profundis de la Rochelle... La Chronique des Favoris... Traité de la puissance du Pape... Histoire véritable de la vie de J. Fontanier, 1621... La prise du jeune Marquis de la Force, 1621... Extrait des Prophéties & révelations des SS. Peres, 1615.. Les heureux amours de Louis XIII. & d'Anne d'Autriche, 1616, & autres piéces du même temps... *in*-12.

1489 Lettre du Duc de Bouquincan à M. de Thoyras, avec la réponse de M. Thoyras... Remontrances au Roi d'Angleterre sur la misérable condition des Catholiques ses Sujets... Avis d'un Théologien sans passion... Le Confiteor des Rochellois... Le dessein de l'Armée Angloise, découvert, 1627... La descente de la Flotte d'Espagne, jointe à l'Armée du Roi, 1627... Ménippée de Francion, 1627... Comédie, ou Dialogue de Philene & Silvie, 1627... Lettre du Baron de Saint Surin... Arrêt notable donné au profit des Femmes contre l'impuissance des Maris... Arrêt du Parlement de Tolose contre le Duc de Rohan... Discours sur plusieurs points importans de l'état présent des affaires de France... La nouvelle défaite des Troupes du Duc de Rohan... L'Eventail satyrique fait par le nouveau Théophile... La Prise de Pamiers... Arrêts contre les Paresseux, Fainéans, & gens qui mangent & dissipent leurs biens, *Paris*, *in-12*.

1490 Les vraies Centuries & Prophéties de M. Mich. Nostradamus *Rouen*, 1710, *in-12. v. f. tr. dor.*

1491 Mémoires du Maréchal de Bassompiere, contenant l'histoire de sa vie, & de ce qui s'est passé de plus remaquable à la Cour de France pendant quelques années. *Amst.* 1723, 4 *vol. in-12.*

1492 Mémoires du Duc de Rohan. 1646, 2 *vol. in-12. mar. vert.*

1493 Les Mémoires de M. le Duc de Guise. *Cologne*, 1668, *in-12.*

1494 Mémoires de M. de Montrésor. *Leyde*, *Sambix*, 1667, 2 *vol. in-12. rel. en velin.*

1495 Lettres, Mémoires & Négociations de M. le Comte d'Estrades. *La Haye*, 1719, 6 *vol. in-12.*

1496 Les mêmes. *Londres*, 1743, 9 *vol. in-12. filets.*

Regne de Louis XIV.

1497 Hiſtoire de la vie & du Regne de Louis XIV. publiée par Bruzen de la Martiniere. *La Haye*, 1740, 5 *vol. in*-4. *ec. tr. dor.*

1498 Hiſtoire militaire du Regne de Louis le Grand, enrichie de Plans de Bataille, par le Marquis de Quincy. *Paris*, 1736, 8 *vol. in*-4. *G. P. ec. filets.*

1499 Recueil de Maximes véritables & importantes pour l'inſtitution du Roi contre la fauſſe & pernicieuſe politique du Card. Mazarin. *Paris*, 1652, *in*-8.

1500 Mémoires de M. D. L. R. (M. de la Rochefoucault) *Cologne*, 1662, *in*-12. *mar. rouge.*

1051 Recueil de pluſieurs choſes à commencer en l'an 1653. juſqu'à la paix en 1679. *in*-4. *M. S.*

1052 Hiſtoire de Madame Henriette d'Angleterre, par Madame de la Fayette. *Amſt.* 1720, *in*-12. *ec. tr. dor.*

1053 Hiſtoire du Vicomte de Turenne, (par Ramſay.) *Paris*, 1735, 2 *vol. in*-4. *G. P. fil.*

1054 La même. *La Haye*, 1736, 4 *vol. in*-8.

1055 La même Hiſtoire, par l'Abbé Raguenet. *La Haye*, 1738, 2. *vol. in*-12.

1056 Hiſtoire de Louis de Bourbon, Prince de Condé, par M. Coſte. *La Haye*, 1748. *in*-4.

1057 Recueil des Teſtamens politiques du Card. de Richelieu, du Duc de Lorraine, de Meſſieurs Colbert & de Louvois. *Amſt.* (*Paris*), 1749, 4 *vol. in*-12.

1058 Mémoires de M. de Bordeaux, Intendant

des Finances, par M. G. D. C. *Amst.* (*Paris*) 1758, 4 *vol. in*-12.

1509 Annales politiques de feu M. Charles-Irenée Castel, Abbé de St. Pierre. *Londres* (*Paris*,) 1758, 2. *vol. in*-12.

1510 Lettres & Négociations du Marquis de Feuquieres, Ambassadeur extraordinaire du Roi en Allemagne, en 1633 & 1634. *Paris*, 1753, 3 *vol. in*-12.

1511 Recueil de différentes choses, par M. le Marquis de Lassay. *Lausanne* [*Paris*], 1756, 4 *vol. in*-8.

1512 Mémoires du Comte d'Arvieux, Envoyé extraordinaire du Roi à la Porte, contenant ses voyages à Constantinople. *Paris*, 1735, 5 *vol. in*-12.

1513 Négociations de M. le Comte d'Avaux en Hollande depuis 1679. jusqu'en 1684. *Paris*, 1754, 6 *vol. in*-12.

1514 Lettres & négociations de M. Jean de Witt. *Amst.* 1725, 5 *vol. in*-12.

1515 Lettres, Mémoires & Négociations du Chevalier Carleton. *Leyde*, 1759, 3 *vol. in*-12.

1516 Mémoires de M. du Guay-Trouin (*Paris*) 1740, *in*-4. *G. P. ec. fil.*

Regne de Louis XV.

1517 La Vie de Philippe d'Orléans, petit-fils de France, Regent du Roi pendant la minorité de Louis XV. *Londres*, 1737, 3 *vol. in*-12.

1518 Le Sacre de Louis XV. dans l'Eglise de Reims, le 25 Octobre 1722, *in-fol. fig. C. M. v. m. tr. dor. dentelle.*

1519 Fêtes publiques données par la Ville de Paris l'occasion du pr. & sec. mariage de Monseigneur le Dauphin. *Paris*, 1745 & 1747, 2 *vol. in-fol. v. fig. C. M. m. tr. dor. dentelle.*

1520 Description des fêtes données par la Ville de Paris à l'occasion de Madame Louise-Elizabeth de France, & de Dom Philiphe Infant d'Espagne, *Paris*, 1740, *in-fol. C. M. fig. v. m. tr. dor. dentelle.*

Histoires des Provinces & Villes de France.

1521 Nouvelle Description de la France, par Piganiol de la Force. *Paris*, 1718, 6 *vol. in-12.*

1522 Les Délices de la France. *Leyde*, 1728, 3 *vol. in-12. fig.*

1523 Les raretés qui se voyent dans l'Eglise Royale de St. Denis, avec des remarques curieuses. *Paris*, 1745, *in-12.*

1524 Essais historiques sur Paris (par M. de Saint-Foix) *Paris*, 1759, 3 *vol. in-12.*

1525 Description de Paris, de Versailles, de Marli, &c. par Piganiol de la Force. *Paris*, 1742, 8 *vol. in-12. fig.*

1526 Projet d'une histoire de la Ville de Paris sur un plan nouveau. *Harlem*, 1739, *in-12.*

1527 Projet des embellissemens de la Ville & Fauxbourgs de Paris, par M. Poncet de la Grave. *Paris*, 1756, 3 *parties in 12 br.*

1528 Histoire générale de Languedoc avec des notes & les Piéces justificatives, composée sur les Auteurs & les Titres originaux, & enrichies de divers monumens, par deux Religieux Benedictins de la Compagnie de St. Maur. *Paris*, 1730 *& suiv.* 4 *vol. in-fol.*

1529 Histoire des Comtes & Comtesses de Dammartin. *in-4. m. s.*

Mélanges sur l'Histoire de France.

1530 Mémoires historiques & critiques sur divers points de l'Histoire de France & plusieurs autres sujets curieux, par Fr. Eudes de Mezeray. *Amst.* 1732. *in-12.*

1531 Les Origines ou l'ancien Gouvernement de la France, de l'Allemagne & de l'Italie. *La Haye (Paris)* 1757, 4 *vol. in-12.*

1532 Piéces fugitives pour servir à l'Histoire de France avec des notes historiques & géographiques. *Paris*, 1759, 3 *vol. in-4. br.*

1533 Les Heures Françoises ou les Vêpres de Sicile, & les matines de la St. Barthelemi. *Amst.* 1690. . . Copie du Testament & du Codicile faits par le Roi Charles II. trad. de l'Espagnol. *Amst.* 1700. . . Le secret de la Haye en Hollande, ou l'entretien du Duc d'Alençon & de Marguerite, Reine de Navarre, 1691. . . Entretien de Louis XI. & de Charles Hardi. *Amst.* 1690. *in-12.*

1634 La joyeuse & magnifique entrée de Monseigneur François, fils de France, &c. & sa trèsrenommée Ville d'Anvers. *Anvers*, 1582, *in-fol. couv. en vel.*

1535 Traité du Ban & arrière-Ban, par de la Roque. *Paris*, 1676, *in*-12.

1536 Recueil historique contenant diverses piéces curieuses de ce temps. *Cologne*, 1666. *in*-12. *v. m. tr. dor.*

1537 Bouclier d'Etat & de Justice contre le dessein manifestement découvert de la Monarchie universelle sous le vrai prétexte de prétentions de la Reyne de France. 1667. *in*-12. *vel.*

1538 Description de la vaillance, nayfve & grande générosité de François, Duc de Guise, trad. de lat. en vers françois, *M. S.* . . Ordre de Procession faite par le Roi, Princes du Sang, Prélats & Seigneurs de la Cour, & le Parlement en actions de graces de la victoire gagnée sur les Rebelles, près de Dreux, *M. S.* . . . Lamentation de la rebellion, laquelle se fait en France, *M. S.* . . . Doléance faite sur la mort de M. Sapin, *M. S.* . . . Lamentation & complainte que fait Me. Sapin, *M. S.* . . . Description du lit de justice, tenu par le Roi, le 4 Juillet 1627. *M. S. in*-8.

1539 Lettre apologétique pour la Religion Chrétienne. . . Du droit qu'on a de reprendre les Supérieurs dans leurs fautes, & de les déposer quand elles sont considérables, & qu'ils ne s'en veulent pas corriger. . . Les motifs de conversion de Angelique de Brainay. . . Advis Chrestien sur une matiere de conséquence. *Paris*, 1643. . . Décret du Pape Innocent XI. contre plusieurs Propositions de morale. . . La Sauce

Robert. . . La Sauce Robert justifiée, 1679... Théologie morale des Jesuites extraitte fidellement de leurs livres contre la morale chrétienne en général. . . *in*-8.

Histoire d'Espagne & de Portugal.

1540 Histoire générale d'Espagne, trad. de l'Espagnol de J. de Ferreras, par M. Dhermilly. *Paris*, 1751, 10 *vol. in*-4.

1541 Histoire des révolutions d'Espagne, par le P. d'Orléans. *Paris*, 1734, 3 *vol. in*-4. *v.f.fil.*

1542 Les mêmes. *Paris*, 1737, 5 *vol. in*-12.

1543 La Vie de Philippe II. Roi d'Espagne, trad. de l'Ital. de Gregorio Leti. *Amst.* 1756, 6 *vol. in* 12. *fil.*

1544 Historia delle Guerre di Ferdinando II. & III. Imperatori. è del Re Philippo IV. di Spagna contra Gostavo Adolfo Re di Suetia è Luigi XIII. Re di Francia del G. Galeasso Gualdo Priorato. *in Venetia*, 1642. *in*-8. *rel. en velin.*

1545 Mémoires pour servir à l'Histoire d'Espagne sous le regne de Philippe V. trad. de l'Espagnol de M. de St. Philippe. *Amst.* (*Paris*) 1756, 4 *vol. in*-12.

1546 Annales d'Espagne & de Portugal, par Dom Juan Alvarez de Colmenar, enrichis de cartes & de figures en taille douce. *Amst.* 1741, 4 *vol. in*-4. *G. P. ec. fil.*

1547 Révolutions de Portugal, par M. l'Abbé de Vertot. *Paris*, 1758, *in*-12.

Histoire d'Allemagne & des Pays-Bas.

1548 Histoire générale d'Allemagne, par le P. Barre, avec les portraits d'Odieuvre. *Paris*, 1748, 10 *vol. in-4. G. P. ec. fil.*

1549 Histoire de l'Empire, par le Sr Heiss. *Paris*, 1711. 5 *vol. in-12.*

1550 Annales de l'Empire depuis Charlemagne, par l'Auteur du siécle de Louis XIV. *Basle*, 1753, 2 *vol. in-12.*

1551 Vita dell Imperadore Carlo V. Scritta da Gregorio Leti. *Amst.* 1700, 4 *vol. in-12. fig.*

1552 Histoire militaire du Prince Eugene de Savoye, enrichie de plans & de figures en taille-douce, par M. Dumont. *La Haye*, 1729, 3 *vol. in-fol. G. P. ec. fil.*

1553 Mémoires de M. de la Colonie. *Bruxelles* (*Paris*) 1737, 2 *vol. in-12.*

1554 Histoire de la derniere guerre & des négociations pour la paix avec la Vie du P. Eugene de Savoye, par P. Massuet. *Amst.* 1737, 5 *vol. in-12.*

1555 Sommaire des affaires d'Allemagne, *in-4. M. S. sur vel.*

1556 Histoire générale des Pays-Bas, contenant la description des XVII. Provinces, avec figures en taille douce. *Bruxelles*, 1743, 4 *vol. in-8.*

1557 Histoire métallique des XVII. Provinces des Pays-Bas, trad. du Holl. de Ger. Vanloon. *La Haye*, 1732, 5. *vol. in-fol. fil.*

1558 L'Histoire des Provinces-Unies des Pays-Bas, depuis le parfait établissement de cet état par la paix de Munſter, par M. de Wicquefort. *La Haye*, 1719, 3 *vol. in-fol. fil.*

1559 La Vie & les Actions mémorables du Sr Michel de Ruyer. *Amſt.* 1677, 2 *vol in-12. rel. en velin.*

1560 Hiſtoire de la guerre de Flandres, de Famianus Strada, trad. par P. Duryer. *Anvers*, 1705, 3 *vol. in-12. fig.*

1561 Le Hollandois ou Lettres ſur la Hollande, ancienne & moderne, par M. de la Barre de Beaumarchais. *Suiv. la cop. impr. à Francfort*, 1738, *in-12.*

1562 Délices du Brabant & de ſes campagnes, par M. de Cantillon, enrichies de 200 figures en taille douce. *Amſt.* 1757, 4 *vol. in-8. fil.*

Hiſtoire d'Angleterre.

1563 Hiſtoire d'Angleterre, par Rapin Thoyras, avec des notes de Tindal. *La Haye*, 1749, 16 *vol. in-4. v. f. fil.*

1564 Nouvel Abregé Chronologique de l'Hiſtoire d'Angleterre, trad. de l'Anglois de Salmon. *Paris*, 1751, 2 *vol. in-8.*

1565 Abregé Chronologique de l'Hiſtoire d'Angleterre. *Paris*, 1752, 3 *vol. in-12.*

1566 Hiſtoire des révolutions d'Angleterre depuis le commencement de la Monarchie, par le P. Dorleans. *La Haye*, 1729, *in-4. ec. tr. dor.*

1567 Bishop Burnets Hiſtory of his own Time. *London*, 1725, 6 *vol. in-8. v. f. fil.*

1568 Hiſtoire de ce qui s'eſt paſſé de plus mémorable en Angleterre pendant la vie de Gilbert

Burnet, Evêque de Salisbury. *La Haye*, 1735, 3 *vol. in-4. G. P. v. m. tr. dor. avec les portraits.*

1569 Hiſtoire entiere & véritable du Procès de Charles Stuart, Roi d'Angleterre. *Londres*, 1650, *in-12.*

1570 Etat préſent de la Grande Bretagne & de l'Irlande, tr. de l'Anglois. *La Haye*, 1728. 3 *vol. in-12.*

1571 Le Guide des Etrangers ou le compagnon néceſſaire & inſtructif à l'Etranger & au Naturel du pays, en faiſant le tour des Villes de Londres & de Weſtminſter. Angl. & Franç. *Londres*, 1752, *in-8.*

1572 Oxonia depicta ſive Collegiorum & Aularum in inclyta academia Oxonienſi delineatio LXV. Tabulis Æneis expreſſa à G. Williams. *C. M. in-fol. ec. tr. dor.*

Hiſtoire du Nord.

1573 Mémoires pour ſervir à l'Hiſtoire de la Maiſon de Brandebourg (par S. M. le Roi de Pruſſe) *Berlin*, 1751, *in-4. G. P. ec. tr. dor.*

1574 Hiſtoire de Frederic-Guillaume, Roi de Pruſſe. *Amſt.* 1741, 2 *vol. in-12.*

1575 Hiſtoire des révolutions de Hongrie. *La Haye*, 1739, 6. *vol. in-12.*

1576 Mémoires concernant Chriſtine, Reine de Suede, pour ſervir d'éclairciſſement à l'Hiſtoire de ſon regne & de ſa vie privée, ſuivis de deux Ouvrages de cette Princeſſe. *Amſt.* 1751. 3 *vol. in-4.*

1577 Hiſtoire de Charles XII. Roi de Suede, trad.

du Suedois de M. Nordberg. *La Haye*, 1748, 3 *vol.* in-4. *G. P. fig. ec. fil.*

1578 Mémoires du regne de Pierre le Grand, par le B. Ifvan Nefteravanol. *Amft.* 1725, 4 *vol. in*-12.

1579 Hiftoire de Pierre I. Empereur de Ruffie. *Amft.* 1742, *in*-4. *v. marb. fil.*

Hiftoire des Pays hors de l'Europe.

1580 Hiftoire des révolutions de l'Empire des Arabes, par M. l'Abbé de Marigni. *Paris*, 1750, 4 *vol. in*-12.

1581 De la République des Turcs, & là où l'occafion foffrera des mœurs & loys de tous Muhamediftes, par Guill. Poftel. *Poitiers*, *in*-4. *rel. en vel.*

1582 Mœurs & ufages des Turcs, leur Religion, leur Gouvernement civil, milit. & polit. avec un abregé de l'Hift. Ottomane, par M. Guer, avec figures en tailles douces. *Paris*, 1746, 2 *vol. in*-4. *G. P. v. f. tr. dor.*

1583 Hiftoire génerale des Huns, des Turcs, des Mogols & des autres Tartares Occidentaux, &c. avant & depuis J. C. jufqu'à préfent, par M. de Guignes. *Paris*, 1756, 5. *vol. in*-4.

1584 Hiftoire générale des Royaumes de Chypre, de Jerufalem, d'Armenie & d'Egypte, comprenant les Croifades, par Dom. Jauna. *Leide*, 1747, 2 *vol. in*-4. *v. m. fil.*

1585 Defcription exacte des Ifles de l'Archipel & de quelques autres Adjacentes, enrichie de figures en en taille douce, trad. du Flamand d'O Dapper. *Amst.* 1703, *in-fol. ec. fil.*

1586 Histoire de Saladin, Sultan d'Egypte & de Syrie, par M. Marin. *Paris*, 1758, 2 *vol. in-12.*

1587 Nouvelle Histoire d'Abissinie ou d'Ethiopie, tirée de l'Hist. lat. de Ludolf. *Paris*, 1684, *in-12. fig.*

1588 Du Royaume de Siam, par M. de la Loubere. *Paris*, 1691. 2 *vol. in-8. v. m. tr. dor.*

1589 Histoire du Japon, par le P. de Charlevoix. *Paris*, 1754, 6 *vol. in-12. figures.*

1590 Istoria delle cose operate nella china da Gio. Ambrogio Mezza Barba scritta dal P. Viani. *In Parigi*, *in-8. ec. tr. dor.*

1591 Description de l'Afrique, trad. du Flamand d'O Dapper. *Amst.* 1686, *in-fol.*

1592 The history of the revolutions in the Empire of Morocco upon the death of the late Emperor Muley Ishmael By Captain Braitwaite. *London*, 1720, *in-8. br, en carton.*

1593 Description du Cap de Bonne-Espérance, tirée des Mém. de P. Kolbe. *Amst.* 1712, 3 *vol. in-12. v. f. tr. dor.*

1594 Histoire de la découverte & de la conquête du Perou, trad. de l'Espagnol d'Augustin de Zarate, par S. D. C. *Amst.* 1700, 2 *vol. in-12. fig. mar. rouge, lav. reglé.*

1595 La même. *Paris*, 1742, 2 *vol in-12.*

1196 Histoire des Yncas, Rois du Perou, trad. de l'Espagnol de Garcilasso de la Vega, par J. Beaudoin. *Amst.* 1704, 2 *vol. in-8. figures.*

1597 La même. 1744, 2 *vol. in-12.*

1598 Histoire du Paraguay, par le P. de Charlevoix. *Paris*, 1757, 6 *vol. in-12.*

1599 Histoire des Avanturiers Flibustiers qui se sont signalés dans les Indes, par Al. Ol. Oexmelin. *Trevoux*, 1744, 4 *vol. in* 12. *fig.*

1600 Histoire des Pirates Anglois depuis leur établissement dans l'Isle de la Providence jusqu'à présent, trad. de l'Angl. de Johnson. *Paris*, 1726, *in*-12.

Antiquités.

1601 Dictionnaire abregé d'antiquités pour servir à l'intelligence de l'Histoire ancienne, tant sacrée que prophane, & à celle des Auteurs gr. & lat. par Monchablon. *Paris*, 1760, *in*-12.

1602 Recueil d'antiquités Egyptienes, Etrusques, Grecques & Romaines, (par M. le Comte de Caylus.) *Paris*, 1752, 2 *vol. in*-4. *tr. dor.*

1603 Jo. Georgii Grævii Thesaurus antiquitatum & historiarum Italiæ, Neapolis, Siciliæ, &c. ex Editione Petri Burmanni. *Lugd. Bat.* 1704, 1725, 45 *vol. in-fol. figures.*

1604 Supplément au Livre de l'antiquité expliquée par D. Bernard de Montfaucon. *Paris*, 1757, 5 *vol. in-fol. fig. G. P.*

1605 Veterum Lucernæ sepulchrales collectæ ex cavernis & specubus subterraneis Urbis Romæ, figuris æneis expressæ, cum observationibus Bellorii, & versione latinâ Alexand. Dukeri. *Lugd. Bat. Vander-Aa*, 1728, *in-fol. v. tr. dor.*

1606 Antonii Vandale dissertationes IX. Antiquitatibus quin & marmoribus cum Romanis, tum potissimùm Græcis, illustrandis inservientes, cum figuris æneis. *Amst.* 1743, *in-4. filets.*

1607 Musæi Guarnaccii antiqua monumenta etrusca eruta, è volaterranis hypogæis nunc primùm in lucem edita & illustrata observationibus Ant. Franc. Gorii, cum figuris æneis. *Florentiæ*, 1744, *in-fol. G. P. ec. filets.*

1608 Romanum Musæum, sive Thesaurus eruditæ antiquitatis, operâ & studio Mich. Ang. Causei de la Chausse. *Romæ*, 1746, 2 *vol. in-fol. filets.*, *fig.*

1609 Jac. Bonanni & Columnæ Syracusarum illustratarum Libri duo, latinè vertit, suisque animadversionibus auxit Sigebertus Havercampus. *Lug. Bat. Vander Aa*, *in-fol. fig. v. filets.*

1610 Caroli Patini introductio ad historiam Numismatum. *Amst.* 1683, in-12. *mar. rouge.*

1611 Histoire des Médailles, ou introduction à la connoissance de cette science, par Ch. Patin *Paris*, *Cramoisi*, 1695, *in-12.*

1612 La science des Médailles, avec des remarques hist. & crit. (par le P. Joubert.) *Paris*, 1739, 2 *vol. in-12.*

1613 Osservazioni istoriche sopra alcuni medaglioni antichi (di Buonarotti.) *In Roma*, 1698, *in-4. rel. en velin.*

1614 Images des Héros & des grands Hommes de l'antiquité, dessinées sur des Médailles, des Pierres antiques & autres anciens monumens, par J. Canini, gravées par Picart. *Amst.* 1731, *in-4. v. f. filets.*

1615 Numismata imperatorum Romanorum præstantiora à J. Cæsare ad Postumum usque, per. J. Vaillant. *Romæ*, 1743, 3 *vol. in-4. G. P. v. f. fil.*

1616 Numiſmata antiqua à Jac. Muſellio collecta & edita. *Veronæ*, 1751, 2 *vol. in-fol. filets.*

1617 Muſeum Odeſcalchum, ſive Theſaurus antiquarum gemmarum cum imaginibus in iiſdem inſculptis & ex iiſdem exſculptis, quæ à Sereniſſimâ Chriſtianâ Reginâ ſuccorum collectæ in muſæo Odeſcalcho adſervantur, & à Petro Sancto Bartolo quondam inciſæ, nunc primùm in lucem proferuntur. *Romæ*, 1752, *in-fol. G. P.ec. filets.*

1618 Muſeum Italicum, ſeu collectio veterum Scriptorum ex Bibliothecis Italicis eruta à D. J. Mabillon & D. Mich. Germain. *Lutet. Paris*, 1687, 4 *vol. in*-4.

1619 Médailles de grand & moyen Bronze du Cabinet de la Reine Chriſtine, gravées par Piet. Santes Bartolo en 63 Planches expliquées par un Commentaire trad. du lat. de Havercamp. *La Haye*, 1742, *in-fol. filets.*

HISTOIRE LITTÉRAIRE.

Hiſtoire des Académies, de l'Imprimerie, &c.

1620 L'origine de l'Imprimerie de Paris, diſſertation hiſt. & crit., par Chevillier. *Paris*, 1694, *in*-4.

1621 Hiſtoire de l'Imprimerie & de la Librairie où l'on voit ſon origine & ſon progrès juſqu'en 1689, par la Caille. *Paris*, 1689, *in*-4.

1622 Hiſtoire de l'origine & des premiers progrès de l'imprimérie, (par Proſper Marchand,)

La Haye, 1740, *in*-4. *v. f. filets*

1623 Origine è progressi della Stampa o sia dell Arte impressoria è notizie dell'opere Stampate dall anno 1457, sino all. anno 1500 dall. Orlandi *Pologna*, 1722 *in*-4. *br.*

1624 La Science pratique de l'Imprimerie, contenant des instructions très-faciles pour se perfectionner dans cet Art, par Fertel. *Saint Omer*, 1723, *in*-4.

1625 Monumenta Typographica instaurata studio & labore J. Christ. Wolfii. *Hamburgi*, 1740, 4 *vol. in*-8. *ec. filets.*

1626 Histoire de l'Académie Françoise, par MM. Pelisson & d'Olivet. *Paris*, 1730, 2 *vol. in*-12.

1627 Histoire de l'Académie Royale des Inscriptions & Belles-Lettres depuis son établissement, avec les éloges des Académiciens morts depuis son renouvellement, (par M. de Boze.) *Paris*, 1740, 3 *vol. in*-8.

1628 Histoire de l'Académie Royale des Sciences & Belles-Lettres de Berlin, depuis son origine jusqu'à présent. *Berlin*, 1750, *in*-4. *br.*

1629 Dan. Georgii Morhofi Polihistor. litterarius. *Lubecæ*, 1718, 2 *vol. in*-8.

Bibliographes & Journalistes.

1630 Jugemens des Sçavans sur les principaux Ouvrages des Auteurs, par Adr. Baillet, revus corrigés & augmentés par M. de la Monnoye. *Amst.* 1725, 16 *vol. in*-12. *ec. filets.*

1631 Bibliothéque hist. & crit. des Auteurs de la Congrégation de S. Maur, par D. Philippe le

Cerf. *La Haye*, 1726, *in-12.*

1632 La Bibliothéque choisie de M. Colomies, avec des notes de M. de la Monnoye. *Paris*, 1731, *in-12.*

1633 Journal littéraire. *La Haye*, 1715, 22 *vol in-8.*

1634 Bibliothéque Franç. ou hist. littéraire de la France. *Amst.* 1735, 42 *vol. in-12. broch. en carton. Manque la seconde partie du Tome XII.*

1635 Bibliothéque raisonnée des Ouvrages des Sçavans de l'Europe. *Amst.* 1728, 11 *vol.. in-8.*

1636 Bibliothéque Britannique. *Amst.* 1733, 15 *vol in-8.*

1637 Mémoires de littérature, par M. de S. *** *La Haye*, 1717, 2 *vol. in-12.*

1638 Cronichette antiche di vari Scrittori del buon secolo della lingua Toscana. *In Firenze*, 1733, *in-4. ec tr. dor.*

1639 Gli Scrittori d'Italia cioe notizie Storiche è critiche in torno alle vite è agli scritti dei letterati Italiani dell Conte Gian. Maria Mazuchelli. *In Brescia* 1735, 3 *vol. in-fol. filets.*

1640 Bibliotheca volante di Gio. Cinelli Calvoli, continuata dal dottor Sancassani. *In Venezia*, 1734, 3 *vol. in-4. filets.*

Catalogues de Bibliothéques.

1641 Catalogus librorum tam impressorum quam Manuscriptorum Bibliothecæ universatis Lugduno Bataviæ. *Lugduni, Bat.* 1716, *in-fol.*

1642 Catalogue des Ouvrages de M. Fourmont l'aîné. *Amst.* 1731, *in*-8.

1643 Catalogue des Livres de M. de Cangé. *Paris*, 1733, *in*-12.

1644 Catalogue des livres de Mde. la Comtesse de Verrue. *Paris*, 1737, *in*-8. *avec les prix.*

1645 Catalogue des livres de la Bibliothéque de M. Couet. *Paris*, 1737, *in*-12. *filets.*

1646 Catalogue des livres de M. le Président de Tugny. *Paris*, 1751, *in*-8. *filets.*

1647 Catalogue des livres de M. le Comte de la Mark. *Paris*, 1751, *in*-8. *avec les prix.*

1648 Catalogue des livres & estampes de M. de la Haye. *Paris*, 1754 *in*-8. *filets.*

1649 Catalogue des livres de M. Coquelet. *Paris*, 1754, *in*-8. *filets.*

1650 Catalogue des livres de la Biblothéque de M. Couvay. *Paris*, 1755, *in*-8.

1651 Catalogue des livres de M***. 1756. . . . . Catalogue des livres & estampes de feu M. Gascq. de la Lande. *Paris*, 1756, *in*-8.

1652 Catalogue des livres & estampes de la Bibliothéque de M. Pajot C. d'Onsembray. *Paris*, 1756, *in*-8.

1653 Catalogue de la Bibliothéque de M. l'Abbé Bouvard, Chanoine de Chartres . . *in*-8. *fil.*

1654 Un paquet de Catalogues de différentes Bibliothéques, faits par M. Martin & autres. *in*-8. & *in*-12. *br.*

1655 Un paquet de Catalogues de différentes Bibliothéques, faits par M. Barrois & autres. *in*-8. & *in*-12. *br.*

1656 Un paquet de Catalogues de différentes Bibliothéques, faits par M. Bauche & autres. *in-8.* & *in-12. br.*

1657 Un paquet de Catalogues de différentes Bibliothéques de Hollande. *in-8. br.*

Vies des Hommes illustres.

1658 Plutarchi Chæron. vitæ parallelæ cum singulis aliquot. Grece & Latine. Adduntur variantes lectionet ex Mss. codd. veteres & novæ Doctorum virorum notæ & emendationes & indices accuratissimi. Recensuit August. Bryanus. *Londini, Tonson, 1729, 6 vol. in-4. G. P. mar. rouge.*

1659 Les vies des Hommes illustres de Plutarque, trad. en Franç. avec des remarques histor. & critiques, par M. Dacier. *Paris, 1734, 9 vol. in-4. G. P. v. m. tr. dorée.*

1660 Les mêmes. *Amst. 1735, 10 vol. in-12.*

1661 Corn. Nepotis vitæ excellentium Imperatorum. *Amst. Westein, 1745, in-32. v. f. tr. dor.*

1662 Eœdem. *Glasgue. 1749, in-12 v. ec.*

1663 Diogenis Laertii de vita & moribus Philosophorum. Libri X. *Lugduni, Seb. Gryph, 1761, in-12.*

1664 Diogenis Laertii historiographi de philosophorum vita decem perq. fecundi libri ad bene beate q: vivendorum commotini. *Parisiis, in-4.*

1665 Diogene Laerce, de la vie des Philosophes, traduction nouvelle, par M. B***. *Paris, 1668, 2 vol. in-12. filets.*

1666 La vie d'Epictete & sa philosophie. *Paris, 1667, in-12. ec. filets.*

1667 Panegyrique de Trajan, par Pline le jeune, trad. par M de Sacy *Paris*, 1722, *in-12. filets.*

1668 La vie de Mahomet, avec des réflexions sur la Religion Mahometane & les coutumes des Musulmans, par le C. de Boulainvilliers *Amst.* 1731, *in-12.*

1669 Œuvres du Seigneur de Brantome. *La Haye*, 1740, 15 *vol. in-12. v. tr. dor.*

1670 Mémoires pour servir à l'Histoire des Hommes illustres dans la République des Lettres, avec un Catalogue raisonné de leurs ouvrages, *Paris*, 1727, *in-12*

1671 La vita di Pietro Aretino scritta dal Conte Gian Maria Mazzuchelli. *In Padova Comino.* 1741, *in-8. filets.*

1672 La vie & les sentimens de Lucilio Vanini. (par Durand) *Rotterd.* 1717, *in-12. mar. rouge.*

1673 Histoire de la vie de Franç. de Salignac de la Motte Fenelon, Archevêque de Cambray. *La Haye*, 1723 ... Dialogue sur la musique des anciens. *Paris*, 1725 ... La musique, Poëme ... Réflexions sur la critique, par M. de la Motte. *Paris*, 1715 ... *in-12.*

1674 Histoire de la vie & des Ouvrages de Messire François de Salignac de la Motte Fenelon. *Amst.* 1717, *in-12.*

1675 La vie de M. l'Abbé de Choisy, de l'Acad. Franç. *Lausanne*, 1748, *in-8. ec. filets.*

1676 Description du Parnasse François, exécuté en bronze, par Titon du Tillet. *Paris*, 1760, *in-fol. fig. br. en carton.*

1677 Mémoires pour servir à l'Histoire de plusieurs

hommes illustres de Provence. *Paris*, 1752, *in-12. v. mar. filets.*

1678 Le vite d'uomini fiorentini scritte da Villani colle annotazioni del Conte Mazuchelli. *Venezia*, 1747 *in-4. v. m. tr. dor.*

1679 Portraits historiques des hommes illustres de Danemark, remarquables par leur mérite, leurs charges & leur noblesse, avec leurs tables généalogiques (par Hoffman). (*Coppenhague*). 1746, *in-4. v. f. tr. dor.*

1680 Eloge des Académiciens de Berlin & de divers autres sçavans, par M. Formey. *Berlin*, 1757, 2 *vol. in-12.*

1681 Vite de pittori, scultori ed architetti moderni scritte da Pascoli. *In Roma.* 1730, 3 *vol. in-4. filets.*

1682 Vie des premiers peintres du Roi, depuis M. le Brun jusqu'àprésent, par M. l'Epicié, *Paris*, 1752, *in-12.*

1683 Histoire abrégée des plus fameux peintres, sculpteurs & architectes Espagnols, trad. de l'Espagnol de Don Ant. Velasco. *Paris*, 1749, *in-12.*

1684 Eloge historique de M. Coustou. *Paris*, 1737, *in-12.*

1685 Eloge de M. le Clerc, avec le Catalogue de ses ouvrages, par M. l'abbé de Vallemont. *Paris*, 1715, *in-12.*

Mélanges Historiques.

1686 Le grand Dictionnaire historique, ou le mélange curieux de l'histoire sacrée & profane, par

Louis Moreri. *Amst.* 1998, 4 *vol in-fol. rel. en deux.*

1687 Le même. *Paris*, 1725, 6 *vol. in-fol.*

1688 Lettres à l'Auteur du nouveau supplement au Dictionaire de Moreri. *in*-12.

1689 Dictionnaire historique, portatif, par M. l'Abbé l'Avocat. *Paris*, 1752, 2 *vol. in*-8.

1690 Dictionaire historique & critique, par P. Bayle. *Rotterdam*, 1720, 4 *vol. in-fol. v. f. filets.*

1691 Examen du Pyrrhonisme ancien & Moderne, par Crousaz. *La Haye*, 1733, *in-fol. ec tr. dor.*

1692 Dictionnaire historique, ou mémoire crit. & litt. concernant la vie & les ouvrages de divers personnages distingués particulierement dans la République des Lettres, par Prospert Marchand. *La Haye*, 1758, 2 *vol. in-fol. v. f. filets.*

1693 Dictionnaire historique litteraire & critique contenant une idée abrégée de la vie & des ouvrages des hommes illustres en tout genre, de tout tems & de tout pays. (*Paris*), 1758, 6 *vol. in*-8.

SUPPLÉMENT.

1 PHysique sacrée, ou Histoire naturelle de la Bible, trad. du lat. de J. J. Scheuchzer, enrichie de figures en taille-douce, gravées par les soins de J. André Pfeffel. *Amst.* 1732, 8 *vol. in-fol. mar. rouge.*

2 Della fabrica del mondo di Francesco Alumno da Ferrara Libri dieci. *Venetia*, 1600, *in-fol.*

3 Le miroir qui ne flatte point, par le sieur de la Serre. *Paris*, 1636, *in-8. filets.*

4 Le monde, par Adam fitz-Adam, ou feuilles périodiques sur les mœurs du temps, trad. de l'Anglois. *Leide*, 1757, 2 *vol. in-12. v. m. fil.*

5 La Gallerie des Femmes fortes, par P. le Moine. *Leiden*, *Elzevir*, 1660, *in-12.*

6 Intérêts & maximes, des Princes & des Etats Souverains. *Cologne*, 1666, *in-12. ec. filets.*

7 Réflexions histor. & polit. sur les moyens dont les plus grands Princes & habiles Ministres se sont servis pour gouverner & augmenter leurs Etats. *Leide*, 1739, *in-12.*

8 Francisci Bouffuéti, Medici de naturâ Aquatilium Carmen in universam Rondeletii Historiam, cum vivis eorum imaginibus. *Lugduni*, 1558, *in-4.*

9 Gregorii Nyssenii, Antistitis, de hominis opificio græc. & lat. interpretè J. Lewenklaio. *Basileæ*, 1667, *in-8.*

Ordre qui sera suivi dans le cours de la Vente.

Lundi 3 Août.

THéologie, No. 1. . . . jusqu'au No. 9, inclusivement
Sciences & Arts, No. 158. jusqu'au No. 176.
Belles-Lettres, No. 485. jusqu'au No. 527.
Histoire, No. 1218 jusqu'au No. 1245.

Mardi 4 Août.

Théologie No. 10. . . . jusqu'au No. 18.
Sciences & Arts, No. 177. jusqu'au No. 195.
Belles-Lettres No. 528. jusqu'au No. 570.
Histoire, No. 1246 . . . jusqu'au No. 1273.
Supplément, No. 35 . . . jusqu'au No. 38.

Mercredi 5.

Théologie, No. 19. . . . jusqu'au No. 27.
Sciences & Arts, No. 196. jusqu'au No. 214.
Belles-Lettres, No. 571. jusqu'au No. 613.
Histoire, No. 1274 . . . jusqu'au No. 1301.
Supplément Nos. 1. 2. 3. 4. 5. 19. 20. 21.

Jeudi 6.

Théologie No. 28. . . . jusqu'au No. 36.
Sciences & Arts, No. 215. jusqu'au No. 233.
Belles-Lettres, No. 614. jusqu'au No. 656.
Histoire, No. 1302. . . . jusqu'au No. 1329.

Vendredi 7.

Théologie, No. 37. . . . jusqu'au No. 45.
Sciences & Arts, No. 234. jusqu'au No. 252.
Belles-Lettres, No. 657. jusqu'au No. 699.
Histoire, No. 1330. . . . jusqu'au No. 1357.
Supplément, No. 22. & 23.

Samedi 8.

Théologie, No. 46. . . . jusqu'au No. 54.
Sciences & Arts, No. 253. jusqu'au No. 271.
Belles-Lettres, No. 700. jusqu'au No. 742.
Histoire, No. 1358. . . . jusqu'au No. 1385.
Supplément, Nos. 6. & 7.

Mardi 11.

Théologie, N°. 55. . . . jusqu'au N°. 63.
Sciences & Arts, N°. 272. jusqu'au N°. 290.
Belles-Lettres, N°. 743. jusqu'au N°. 785.
Histoire, N°. 1386. . . . jusqu'au N°. 1413.

Mercredi 12.

Théologie, N°. 64. . . . jusqu'au N°. 72.
Sciences & Arts, N°. 291. jusqu'au N°. 310.
Belles-Lettres, N°. 786. jusqu'au N°, 828.
Histoire, N°. 1414. . . . jusqu'au N°. 1441.
Supplément, N°s. 12. 13.

Jeudi 13.

Théologie, N°. 73. . . . jusqu'au N°. 81.
Sciences & Arts, N°. 311. jusqu'au N°. 329.
Belles-Lettres, N°. 829. jusqu'au N°. 871.
Histoire, N°. 1442. . . . jusqu'au N°. 1470.
Supplément, N°s. 24. 39. &40.

Vendredi 14.

Théologie, N°. 82. . . . jusqu'au N°. 90.
Sciences & Arts, N°. 329. jusqu'au N°. 347.
Belles-Lettres, N°. 872. jusqu'au N°. 914.
Histoire, N°. 1471. . . . jusqu'au N°. 1498.

Lundi 17.

Théologie, N°. 91. . . . jusqu'au N°. 99.
sciences & Arts, N°. 348. jusqu'au N°. 366.
Belles-Lettres, N°. 915. jusqu'au N°. 957.
Histoire, N°. 1499. . . . jusqu'au N°. 1526.
Supplément, N°s. 8. 25. .

Mardi 18.

Théologie N°. 109. jusqu'au N°. 108.
Sciences & Arts, N°. 367. jusqu'au N°. 385.
Belles-Lettres, N°. 958. jusqu'au N°. 1001.
Histoire, N°. 1527. . . . jusqu'au N°. 1554.
Supplément, N°s. 9. 10. 11. 30. 31. 41. &42.

Mercredi 19.

Théologie, N° 106. . . jusqu'au N° 117.
Sciences & Arts, N°. 386. jusqu'au N°. 404.
Belles-Lettres, N°. 1002. jusqu'au N°. 1044.
Histoire, N°. 1555. . . . jusqu'au N°. 1582.
Supplément, N°s. 14. 15. 16. 17.

Jeudi 20.

Théologie , N°. 118. . . jusqu'au N° 122.
Iurisprudence , N°. 123. . jusqu'au N°. 126.
Sciences & Arts , N°. 405. jusqu'au N°. 423.
Belles - Lettres, N°. 1045. jusqu'au N°. 1087.
Histoire , N°. 1583. . . . jusqu'au N° 1610.

Vendredi 21.

Jurisprudence , N°. 127. . jusqu'au N°. 135.
Sciences & Arts , N°. 424. jusqu'au N°. 442.
Belles - Lettres, N°. 1088. jusqu'au N°. 1130.
Histoire , N°. 1611. . . . jusqu'au N°. 1638.

Samedi 22.

Jurisprudence , N°. 136. jusqu'au N°. 146.
Sciences & Arts , N°. 443. jusqu'au N°. 463.
Belles - Lettres , N°. 1131. jusqu'au N°. 1173.
Histoire, N°. 1639. . . . jusqu'au N°. 1666.

Mercredi 26.

Jurisprudence , N°. 147. . jusqu'au N°. 157.
Sciences & Arts , N°. 464. jusqu'au N°. 484.
Belles - Lettres , N°. 1174. jusqu'au N°. 1217.
Histoire , N°. 1667. . . . jusqu'au N°. 1693.
Supplément , N°s. 32. 33. & 34.

10 Synopsis metaphisicæ Ontologiam & Pneumatologiam complectens. *Glasguæ Foulis*, 1756, *in-8. ec. filets.*

Anatomie de la tête en tableaux imprimés, qui représentent au naturel le cerveau sous différentes coupes : la distribution des vaisseaux dans toutes les parties de la tête d'après les piéces disséquées & préparées par M. Duvernay.

11 Anatomie générale des viscéres, en situation de grandeur & couleur naturelle, avec l'angeologie & la névrologie de chaque partie du corps, expliquée par M. Mertrud. Le tout démontré en seize planches gravées & mises en couleur, par le sieur Gautier. *Paris*, 1748, *in-fol.*

12 Histoire admirable de la possession & conversion d'une Pénitente séduite par un Magicien, ensemble la Pneumalogie, par le P. Michaelis. *Paris*, 1613, *in-8.*

13 Examen de la prétendue possession des Filles de la Paroisse de Landes, & refutation du Mémoire par lequel on s'efforce de l'établir... De partium externarum generationi inservientium in mulieribus naturali vitiosa & morbosa dispositione Theses Anatomico Chirurgicæ Autore Ant. Ludovico. *In-4. br. en carton.*

14 Combinaison générale des Changes des principales Places de l'Europe par rapport à la France, par Darius, Banquier. *Paris*, *J. B. Coignard*, 1728, 3 *vol. in-4.*

15 Reflexions sur la cause générale des vents, par M. Dalembert. *Paris*, 1747, *in-4.*

16 Recherches sur la precession des équinoxes &

fur la nutation de l'axe de la terre dans le fyftême Newtoniën, par M. Dalembert. *Paris*, 1749, *in*-4.

17 Virorum celeberr. Gol. Gul. Leibnitii, & J. Bernoullii Commercium philofophicum & mathematicum. *Laufannæ*, 1745, 2 *vol. in*-4. *ec. filets*.

18 L'architecture des voutes, ou l'art des traits & coupes des voutes, par le P. Franç. Derand. *Paris*, 1743, *in-fol.*

19 Novus Apparatus, Græco, Latinus, cum interpretatione Gallica. *Parifiis*, 1681, *in*-4.

20 Il Cavallerizzo di Claudio Corte da pavia. *Venetia*, 1573, *in*-4.

21 Teocrito Volgarizzato da Domenico Regolotti. *Torino*, 1729, *in* -8. *v. f. tr. dor.*

22 Senfuit le Jardin de plaifance & Fleur de Rhethorique, &c. *Lyon*, *in-fol. Gottique*, *avec figures en bois.*

23 Les trois Livres des illuftrations de Gaule & fingularités de Troye, avec les deux Epitres de l'Amant verd, compofés par Jehan le Maire, & autres pieces du même Auteur. *Paris*, 1512, *in*-4. *gottique*, *rel. en velin.*

24 I Cantici di fidentio, con aggiunta dalcune vage compofitioni nel medefimo genere. *In Fiorenzza*, 1574, *in*-12. *mar. rouge.*

25 Les tours induftrieux, fubtils & gaillards de la Maltote, *Paris*, 1708, *in*-12. *v. f. tr. dor.*

26 L'Efté de Benigne Poiffenot, Licencié aux Loix. *Paris*, 1583, *in*-12. *v. f. filets.*

27 L'Hiftoire & plaifante chronique du petit Jean de Saintré. *Paris*, 1724, 3 *vol. in*-12. *ec. filets.*

28 Voyage merveilleux du Prince Fanferedin dans la Romancie. *Amst.* 1735, *in-12. v. f. tr. dor.*

29 Le tombeau de la mélancolie, ou le vrai moyen de vivre joyeux, par le sieur D. V. G. *Paris*, 1634, *in-12. rel. en velin.*

30 Histoire de Huon de Bordeaux, Pair de France & Duc de Guyenne. *Lyon*, 1626, *in-12. rel. en velin.*

31 Naufrage des Isles flottantes, ou Basiliade du célébre Pilpai, Poëme heroïque, trad. de l'Indien par M. M***. *Messine*, (*Paris*) 1752, 2 *vol. in-12.*

32 Dissertation surla différence des deux religions, la Grecque & la Romaine, par l'Abbé Coyer. *Paris*, 1755 . . . Dissertations pour être lues, la premiere sur le vieux mot, Patrie: la seconde sur la nature du peuple (par le même.) . . . Bagatelles morales, par le même. *Paris*, 1758, *in-12. v. m. tr. dor.*

33 Piscatory, Eclogues an essay to introduce New. Rules and New Characters in to pastoral. *London*. 1729, *in-8.*

34 Dictionnaire des Monogrammes, chiffres, &c. trad. de l'Allemand de Christ. *Paris*, 1750 *in-8.*

35 Histoire Ecclésiastique, par M. l'Abbé Fleury. *Paris*, *Mariette*, 1722, 36 *vol. in-4.*

36 Les Vies des Saints & l'Histoire des Fêtes & des Mystères de l'Eglise, par Baillet. *Paris*, 1710, 4 *vol. in-8.*

37 L'homme du Pape & du Roi, 1635, *in-8.*

38 Le miroir du tems passé à l'usage du présent, à tous bons Peres, Religieux & vrais Catholiques non passionnés. *in-12. ec. filets.*

39 Recueil de diverſes pieces, faites par pluſieurs personnes illuſtres. *La Haye*, 1669, *in*-12. *ac. tr. dor.*

40 Diſcours politiques & militaires pour Princes & Seigneurs, &c. Recueillies des meilleurs Auteurs tant anciens que modernes, trad. de l'Ital. en notre langue Françoiſe, par G. C. D. T. *Paris*, 1693, *in*-8. *mar. rouge.*

41 Les Annales générales de la Ville de Paris, par Malingre. *Paris*, 1640, *in-fol*

42 Recueil de pieces. *in*-4. *Mſ.*

Fin du Supplément.

On vendra après les Livres une ſuite de Tableaux, de deſſeins & d'eſtampes de différens Maîtres, un Médallier & diverſes autres curioſités.

Lû & approuvé le préſent *Catalogue*. A Paris, ce 27 Juillet 1761, *ſigné*, BAUCHE, Adjoint.